保阪正康 歴史を見つめて

Hosaka Masayasu

保阪正康❖著
北海道新聞社❖編

北海道新聞社

保阪正康　歴史を見つめて

目次

第1章　昭和史へのまなざし……5

第2章　戦争を語り継ぐ……73

第3章　現代史を見る目………117

第1章
昭和史へのまなざし

北海道新聞の取材に「平成は、昭和の教訓がうまく伝承されてこなかった時代」と語る
＝2017年6月2日、東京

北海道新聞夕刊で2017年7月24日から8月31日まで連載された「私のなかの歴史」に、聞き手・構成を務めた伴野昭人・北海道新聞東京支社編集局報道センター編集委員が加筆しました。一部、敬称略としています。

天皇「退位」の衝撃

２０１６年7月13日、早朝から東京都内の仕事場で原稿を書き続け、夕方から仮眠していました。午後8時すぎ、携帯電話に出ると「7時のＮＨＫニュースの件ですが…」と某テレビ局の記者でした。「そちらにインタビューに向かっていいか」。相手の声はやや上ずっていました。

携帯には新聞やテレビ各社からの着信が20回を超え、この1時間ばかりの間に、何が起きたかを知りました。ＮＨＫがニュースで、天皇陛下の退位のご意向について報じたことに大きな衝撃を受けました。

そして8月8日、天皇陛下は退位を強くにじませたビデオメッセージを国民に向けて発せられました。この日は歴史上、極めて重い意味を持ってこれから語られることになるでしょう。

政府はその後、陛下の退位を巡り有識者会議を設け、僕もヒアリングに呼ばれました。11月7日のことです。予定より1時間ほど早く首相官邸の控室に入り、陛下の「おことば」を頭の中で反すうしていました。

ヒアリングは非公開でした。持ち時間は1人20分で、僕は初めに「人間的、人道的観点からこの問題を考える必要がある」と述べ、天皇の意向を尊重し、退位の制度を設けるよう皇室典範の改正を求めました。続いて10分間、質疑が行われました。

退位特例法が成立するまでの10カ月間の流れに、予定調和的なものを感じます。国民の世論が反映されず、「一代限りなら認める」という方向に進んでいったのではないでしょうか。

僕はこれまで作家の半藤一利さんと御所を訪れ、天皇、皇后両陛下に何度かお目にかかる機会がありました。戦後の民主主義体制の中で、陛下は象徴天皇のあり方を皇后と共に追求してこられました。今回のメッセージには、陛下の真摯なご性格や歴史への俯瞰された視点が色濃く出ているように思います。

今上天皇は戦没者への慰霊に対して並々ならぬ強い意志をお持ちになっています。父である昭和天皇ができなかった分も含めて終生慰霊を果たす。それをやり遂げなければ、あの戦争にけじめをつけたことにはならないのだ、という強い信念から行動されてきたと思います。

僕は32歳のとき、戦時下に特高警察に弾圧された宗教集団の本を初めて出版しました。

その取材で昭和史の聞き書きを進め、多くの人から証言を聞いて昭和史を等身大の人間の姿として描きたいと考えました。それから半世紀が過ぎました。

ここ数年で日本は安保法制によって自衛隊の任務が拡大し、２０１７年6月には「共謀罪」法も成立しました。こういう中で元号が変わろうとしています。今ほど昭和史からの教訓が必要とされる時代はないでしょう。昭和史から学んだことを中心に自身の歩みをお話しさせていただきます。

父との対立――――

幼いころの記憶は断片的にあるものの、今も鮮明に記憶しているのは１９４５年（昭和20年）2月の光景です。

終戦の年、5歳だった僕は家族と福島県二本松から北海道に戻るため、青函連絡船に乗っていました。「これで死んでしまうのか」「船は撃沈されないか」。子ども心にそんなことを感じていたことを覚えています。

北海道に渡ったあと函館から母の実家のある札幌の白石（現札幌市白石区）まで列車に

乗り、駅に着いたのは真夜中でした。

風が吹き、雪が舞っていました。父が先頭を歩き、その後ろを僕、次を2歳下の弟、そして生後約6カ月の妹を背負った母が一列になって続きました。

1939年（昭和14年）12月に僕が札幌で生まれた当時、父は現在の深川市にある旧制深川中学で数学の教師をしていました。広島県から江別に入った屯田兵の子孫である母と結婚して1年ほどたったころです。

父は戦前は札幌、深川や江別などで教壇に立ちました。

横浜で育ち、旧制中学1年の時、関東大震災で親やきょうだいを失い、孤児となりました。

父の父は横浜の済生会病院の医師でした。震災後、父は群馬県富岡市の七日市藩家老の家系の本家で育てられ、東北帝国大学に進学後、北海道に渡り教職に就いたのです。

父は13歳から親類宅で育ったせいか感情的なことを嫌い、孤独の影を漂わせていました。

僕は成長するにつれ、父と対立するようになりました。父の性格的なものだけでなく、僕たちの世代は戦争体験世代の父の年代とぶつかるという社会的な相克もあったと思います。

父の存在は僕の人生の中で一つの核を占めていきます。僕が父が背負ってきたものを理解したのは後年のことです。

父が肺がんを患い、余命わずかになったとき、父から息子へその人生が初めて語られ、死を前に父子の和解へとつながります。少年期に抑圧者、風変わりな人と思っていた父が僕の一方的な見方と知りました。

父は関東大震災後、横浜には終生足を踏み入れませんでした。勤務する学校もよく変わり、僕は札幌で生まれ、すぐ下の弟は江別、妹は二本松、八つ下の弟は北海道南部の八雲生まれです。

一度は教壇に立った父でしたが、数学の研究者に戻りたいと北海道帝国大学に入り直し

少年時代の家族写真。左端が著者＝1951年

ました。しかし軍事教練がつらく、やめて再び教職の道に戻り、東北帝大時代の恩師の紹介で1943年春、二本松の旧制中学に赴任しました。

僕は2年余りを二本松で過ごしました。冒頭で紹介した青函連絡船の光景は、北海道へ戻るときのものです。母が「戦争で死ぬなら北海道で死にたい」と言い、父も従ったようです。

その後、父は八雲町の旧制中学に着任し、僕はこの街で終戦を迎え、〈民主主義の子〉として学校生活を始めました。

終戦の翌年、八雲町で国民学校に入学しました。まだまだ物のない時代で、手先の器用な母はボール紙に図面を引いて、ランドセルを作ってくれたのです。しかし、通い始めて数日してランドセルが盗まれるという出来事がありました。

担任の藤沢静子先生が家に来て「申し訳ありません」と頭を下げました。父も旧制中学の数学の教員でしたから話が合い、帰りに先生は父の書棚にあった本を借りて行きました。石坂洋次郎の『若い人』でした。

小学2、3年のころはパッチ集めがはやっていました。僕は興味がなく、新聞の題字集めに夢中でした。公務員官舎で引っ越す人がいるとすぐに走って行き、畳の下に敷いていた新聞をもらってきます。ある日、父が「おまえ、これをどこから手に入れた」と言うから、それを見ると「アカハタ」の題字でした。戦前の言論弾圧の余韻からか「こんなのアルバムに貼ってはいけない」と叱られました。

父は北海道新聞と朝日新聞を読んでおり、僕も新聞をよく読むようになりました。47年ころ、見出しに「ストライキ」の文字が頻繁に出ていました。父に「野球のストライクと関係があるの？」と聞くと「子どもはそんなこと知らなくていい」と言われました。

戦争が終わってまだ何年もたっていないわけです。

高学年の時のことです。普段優しい男性教諭は時折、感情を抑えられず激高しました。ある児童がため口をきいたのがきっかけでしたが、先生は突然半狂乱のようになって何発も殴ったんです。ほかの子どもたちも震え上がっていました。

この先生は怒って授業をやめる時もあります。「自習していろ」と言って、窓際に立って腕を組んで外を見ているんです。僕が盗み見ると先生は涙を流していました。兵隊帰りの人でした。戦地や軍隊での体験が精神を不安定にさせ、戦争終結後も苦しめていたんでしょうね。

映画の鑑賞会でショックを受けたこともありました。作品の合間にアメリカのニュース映画が流れるんですが、その映像の中に戦時中、日本の特攻隊の飛行機がアメリカの航空母艦に撃ち落とされるシーンがありました。見ていた児童たちから拍手が起き、その波は大きくなっていきました。僕は嫌な気持ちになったことを覚えています。

僕の一つまたは二つ上の人たちは神武天皇から始まる歴代の天皇の名前を言えました。逆に僕らは口にすると叱られました。旧体制、軍国主義的なものを一切否定することで戦後民主主義がスタートを切りました。

ある意味で、僕らの上の世代は軍国主義のモルモットであり、僕らの世代は民主主義のモルモットにされたと言えるかもしれません。

教育という名のもとで、両極端の中で翻弄されたかと思うとすごくいら立ちを感じるときもあります。

西部邁さん――

僕が小学6年のとき、教員だった父は八雲高校（八雲町）から根室高校（根室市）に転勤しました。家族みんなで根室に引っ越しましたが、半年ほどして父を残し、母の実家のある札幌の白石に移りました。

中学入学時、僕は、親戚などの勧めもあって山鼻の柏中学（現札幌市中央区）に越境通学しました。北海道大学の細菌学の教授をしていた母の兄が南20条西10丁目に住んでおり、その伯父の家からわずかの期間だけ通いました。しかし、やはり「母やきょうだいと居たい」と思い、親に話して白石の家から列車で通い始めました。

白石駅から札幌駅までは列車で、札幌駅からは市電で南22条の停留場まで通いました。だから級友たちとは放課後に遊ぶ時間もほとんどなく、授業を終えると帰る生活でした。

占領から解放された時代空間を13歳から15歳という年齢で迎えたため、中学時代の思い出はすべてにおいて内省的でした。

毎日の通学時の付き合いで、秀才で知られた西部兄弟と出会いました。同じ柏中学に越境通学していた弟の邁さんは僕より学年が一つ上で、のちに東京大学教授、評論家として活躍します。彼からはいろんなことを教えてもらいました。

ある日、西部さんは「人間とサルの違いを知っているか」と聞いてきました。僕が「サルは毛が3本足りないんでしょ」と半ばふざけて答えると、「違うよ。生産手段を持っているかどうかなんだ」と話しました。

後年、僕が「私は中学時代、西部さんから社会科学のイロハのイを教わったんだ」と言うと、西部さんは「あれはなあ、(マルクス主義的な)唯物史観丸出しの先生が言ったことを、その日の帰りか次の日の朝、話したんだと思う」と笑っていました。

西部さんは東大に進み、そこで学生運動のリーダーになって、「60年安保」では名の知られた一人となりました。僕は京都の同志社大学の学生として、彼の名前を新聞で見るたびに、中学時代の交友がよみがえり、ひそかに誇りに思いました。

2013年に僕の妻が亡くなったとき、西部さんからファクスが届きました。

「保阪君、気を落とすな」

そんな内容の温かい文面に僕は思わず涙しました。その後、西部さんの奥さんの訃報に接し、僕も送った記憶があります。

テレビなどで見る西部さんはこわもてでどこか攻撃的です。保守派の論客ですが、しかし、その素顔は優しく、情にもろいんです。彼が嫌いなのは権威主義で、権威主義に対しては本当によく抵抗します。

かつて彼は僕に「人間というのは1本の酒、1人の女、1冊の本、1人の友人、一つのポエム(詩)を満たせば、人生ってそれでいい」と語ったことがありました。中学時代の越境通学で西部さんと知り合ったことが最大の財産だったと今も思っています。

物書きへの思い――

3年ほど前、ノンフィクション賞の選考委員をしていたとき、ある作品に感動して体が震えました。その瞬間、高校時代のことをふと思い出しました。

1955年、札幌東高に進学しました。中学時代からの同級生に、のちに美術家となる阿部典英《てんえい》君がいました。

1年の書道の時間でした。「カッパ」というあだ名の加納守拙《しゅせつ》先生が言いました。「君ら、書道というのは手本通りに書くんじゃないんだ。自分で思うように書きなさい」

僕の横で、阿部君は馬などの動物の字を自分のイメージで書いていました。加納先生は、黙って見ていたのですが、体が小刻みに震えだしました。そして阿部君に「きょうから書道部に入れ」と言ったのです。

阿部君はやがて書道家、そして美術家として大きく羽ばたきます。一つの才能が見いだされる現場に立ち会いました。

僕は高校の3年間、本ばかり読んでいました。数学や物理の授業があると、制服を着たまま1人で映画館に行きました。

東高には父の知り合いの教員がいて、職員室に呼ばれて行くと、「なんで勉強しないんだ。お父さんが泣いているぞ」と言われるわけです。

「僕は映画監督か物書きになりたい」と話すと、「何考えているんだ」と叱られました。「死」に関する書や人間存在を問う書を何冊も読みました。ショーペンハウエルの『自殺について』やアランの『宗教論』は特に印象に残っています。

死を直接考えるようになったのは、同じ高校の男子生徒が夏休みに青函連絡船から海へ投身自殺したこともきっかけでした。

僕は彼が生物の授業でカエルを解剖するとき、異様におびえているのを見ていました。休みが終わり、学校に行くと彼の死について誰も何も言わないんです。出席簿から消されたように忘れられていく。理不尽だと思いましたね。10代後半まで生きた彼のことを誰が覚えているのか。僕は覚えていようと思った。「死って何なんだ」と僕は煩悶しました。

本を読んだり、深く考えることで、演劇や物を書くことへの関心が高まっていきました。そんなとき、北海道新聞に出た「シナリオに興味がある方参加しませんか」という記事が目に留まりました。北大生でつくるシナリオ研究会のお知らせで、高校3年の僕は「シナリオライターになりたいんです」とお願いして入れてもらいました。

研究会には全学連委員長になった唐牛健太郎さんもいました。ある日、唐牛さんが「シナリオの勉強を続けられなくなった。北大教養の自治会委員長になったから来れない」と言ったのを覚えています。数年後、大学生になった僕が京都で「60年安保」反対運動に参加していたとき、唐牛さんと再会した。

「あまり深入りするな」。それが僕に掛けてくれた言葉でした。

大学から就職まで

1959年4月、僕は一浪して京都市の同志社大学に入学しました。演劇研究会に入り、まずは演出助手や舞台監督の助手を担当しました。サークルの先輩には、当時劇作家として売れっ子だった花登筐や俳優の二谷英明、原知佐子らがいました。

学生演劇ながら質は高く、地元の京都新聞に劇評が載ることもありました。僕はフランスの芝居がやりたく、何よりも芝居は裏方がつくるんだという強い思いがありました。

2年の時に田中千禾夫《ちかお》の「マリアの首」を公演した際、女優の渡辺美佐子が客席にいるのを見て緊張しましたね。

翌1960年は日米安保の改定期にあたり、5月に岸信介首相が日米安保条約改定を衆院で強行採決しました。「声なき声に耳を傾ける」と物言わぬ多数派が支持しているとの首相発言もあって、反対運動は各地に広がっていきます。

僕は共産主義者同盟(ブント)の支援者として運動に肩入れしていました。ヤマ場であった6月15日。国会議事堂周辺で警官隊と学生が衝突する中で東大生の樺美智子さんが亡くなった時、僕は京都市内で、4万人以上が集まった京都府学連のデモに参加していました。この時、機動隊に思いきり向こうずねを蹴られ、蹴り返したら列から引き抜かれ、警察に連れていかれました。取調室で「警官が蹴っ飛ばしたからやり返したけど、僕からやっていない」と説明しても、若い刑事は「警官はそんなことするわけない」と怒鳴るばかりでした。

年配の刑事が腫れ上がった僕の足を見て「痛いだろう」と湿布を貼ってくれた。テレビの刑事ドラマで見るような老若のペアでした。結局、午前1時ごろ「帰っていい」と言うけど、これから歩いて帰るのも嫌でした。では「留置場に泊まっていくか」と言われ、留置場に入ると鍵をガチャッと閉められました。

なぜ、安保反対運動があれほど盛り上がったかと考えると、太平洋戦争の開戦詔書に署名した閣僚の一人、岸信介に対する不信が大きかったと思います。戦争が終わって15年、民主主義の時代になったのに「こんな前歴の首相はおかしい」という思いが底流にありました。

3年の時には「生ける屍」という芝居を書き上演しました。学生運動に挫折した男が大日本告白隊協会を結成して、全国の街を練り歩く。心の悩みを「さあ告白しよう」と呼びかけていると、公園に特攻隊帰りの男がいた。だが、議論を試みても男から言葉が出てこない。戦後社会で革命を夢見た学生運動の闘士と特攻隊の言葉はどちらが重いのか、という議論が展開していくストーリーでした。

この作品を書いたことをきっかけに、特攻の世代と対話したいという思いが、後に著述家になっての重要なテーマになりました。

1962年の秋、大学4年の僕は就職するか大学院に進むか迷った末、毎日新聞社の入社試験を受けることにしました。卒業時に願書を出したのはここ1社だけでした。試験は最終の役員面接まで行き、大阪・堂島の本社に集められました。25人ほどいたでしょうか。人事部長は「ほとんど内定で、最後の社長面接は儀礼的なものだから」と言いました。僕も「入ったんだ」と思いました。僕の前の受験者は10分ほどで面接を終えて次々と部屋から出てきました。

僕の番です。経営陣の男性が3人いて、その1人が「君は作文の点数がすごくいいなあ」と言ったあと、「支持政党を民社党と書いているが、本当にそうか」と聞いてきました。一般企業を受ける大学の友人から「民社党と書けば無難だ」と言われ、そうしただけでした。

僕は「実は社会党です」と答えました。すると「左派と右派があるけど」と質問するので「社会党左派です」と言いました。それが端緒で議論になりました。面接官は「左派は暴力革命を肯定しているね」と聞くので「そうです」とうなずくと、「記者になって革命が起きたら報道するのか革命に参加するのか」と突っ込んできます。

もし、報道する側に徹しますと言ったら、この人との間でそれまで話したことはうそになると思って「革命に参加します」と話すと、面接官はゲラゲラと笑いだしました。部屋を出たときは30分がたっていました。

翌日、人事部から連絡を受けました。「仮採用の形で地方の通信部に行くか、系列のラジオ局に入るか決めてほしい」と言われました。結局、大学のゼミの先生や毎日新聞で働く先輩に相談して断りました。

大学院には入れることになっていたのですが、母には「そんな余裕はない。弟妹3人が高校、大学と控えているのに何を考えているの」と叱られました。

僕は大学院に籍を残したまま札幌に一度戻り、知り合いの紹介により北海タイムスの社会部でアルバイトを体験します。その初日のことでした。デパートでバイトをしていた大学生の妹がある話を教えてくれました。

社員の定期健診で医者が予防注射を間違って打ち、みんな腕などが腫れて「痛い、痛い」と言っているというのです。僕は社会部長に「こういうの記事になりますか」と話すと「本当か」と驚き、記者を取材に行かせました。記事は、その日の夕刊を大きく飾りました。

北海タイムスのバイト期間は5カ月ほどでした。不思議な縁ですが、26年後の1989年1月、昭和天皇が亡くなった時、当時の北海タイムス社長が朝日新聞出身の塩口喜乙《きいち》さんで知り合いだったので、僕は原稿を頼まれ、タイムス紙上で、昭和天皇の企画記事を連載しました。

朝日ソノラマ時代

僕は結局、1963年11月に東京・銀座にある電通PRセンター（現電通パブリックリレーションズ）に入社しました。広告代理店の電通のグループ会社で、創立直後でした。PR業界草創期に働いたことは貴重な経験になりましたが、2年半ほどで朝日ソノラマに移りました。

この会社は、フランス人が考えた音の出るソノシートを次世代の新しいメディアにしようと、朝日新聞社が合弁でつくった出版社でした。「月刊朝日ソノラマ」という雑誌を発行し、僕はその編集部に配属されました。記事を書いたり、デンスケ（録音機）を持ってインタビューする仕事をしました。

今でも人生の大きな記憶となっていることがあります。1966年6月29日、ビートルズが来日した時のことです。日本中が大騒ぎでした。先輩の編集部員が「共同会見を報じるだけでは満足できない。単独インタビューを敢行する」と、とんでもないことを思い付きました。

その先輩は、戦後まもない時期、兄弟でオートバイの世界一周旅行を試みるなど、抜群の行動力がありました。

ビートルズを乗せた飛行機が羽田に到着する前に、先輩と僕は社用車を首都高速道路の銀座入り口周辺に止めて待ちました。パトカーの先導でビートルズの車が近づくと、進入禁止の高速道路に入り、並走しました。

先輩は窓を開けてマイクを差しだし、「日本の印象は」などと英語で質問します。窓側にいたリンゴ・スターが「どこに行ってもジャーナリストは同じだなあ」と答えたそうです。ポール・マッカートニーは笑いながら大声で話しかけてきました。

「やったぞ」と思いましたが、会社に戻ってテープを聞くと、風の音だけでメンバーが何を

朝日ソノラマ勤務時代

言っているのかよく聞き取れません。会社の幹部は警視庁から大目玉を食らいました。

妻と出会ったのも、この編集部時代です。ケネディ米大統領の演説集の編集を僕が担当して出版したところ、英語のスペルにいくつか誤植があったのです。それに気がついた一般読者の女性が「確認させてほしいのですが」と編集部を訪ねて来ました。

彼女は当時、語学学校のアテネ・フランセで勉強をしていました。いくつかの指摘はその通りで本来なら謝礼をするところですが、前例がないことから代わりに食事に連れて行きました。話していると、フランス人が書いた哲学書を読んでいたり、美術に興味を持っていたりするなど面白い子だと思いました。

その後付き合い、結婚を申し込みました。僕が事前に描いたシナリオでは、その場で「はい」と答えてくれるはずでしたが、「父に相談します」と言われました。彼女の実家は金沢で600年続く神社でした。その後、父親の許しをもらい、僕たちは1968年5月に結婚しました。

「死なう団事件」

朝日ソノラマには26歳から29歳まで社員として籍を置いた後、僕は「もう3年になるので辞めてフリーになります」と編集長に申し出ました。ただ、すぐには食べられないのでTBSブリタニカの嘱託にもなり、朝日ソノラマからも随時仕事をもらうようになりました。

あれは1970年11月25日のことでした。作家の三島由紀夫が東京・市ケ谷の陸上自衛隊東部方面総監部に立てこもり、自衛隊員に決起を呼びかける映像がテレビのニュースで流れました。僕は急いで朝日ソノラマの編集部に向かいました。

編集部に着くと、三島は割腹自殺し、楯の会のメンバーが介錯したとの情報が入っていました。バルコニーからの三島の演説のテープを聞いていると、戻って来た部員が「(三島が) こんな檄文をまいていた」と見せてくれました。旧仮名遣いで書かれた檄文にあった「今からでも共に起《た》ち、共に死なう」という言葉に目がとまりました。

朝日ソノラマでは、著名な作家に自作を朗読してもらい、録音して売り出す企画がありました。三島の担当だった部員は檄文を読んで、「推敲を重ねた文章から自分の匂いを消す人なのに、自身の匂いが消えていない」と話しました。

とりわけ気になった「共に死なう」という言葉の出どころを確かめるため、国立国会図書館に1週間通いました。そして、ある週刊誌に1937年（昭和12年）の「死なう団」事件の記事を見つけました。死なう団と称する東京・蒲田の宗教団体の宗徒が「死なう、死なう、共に死なう」と叫び、国会議事堂前などで切腹の自決未遂をしたものでした。

事件当時の新聞記事などをもとに関係者に取材を始めました。死なう団の重要人物だった人が福島県双葉町にいることを知り、会いに行きました。僕は事件の概要を知るにつれ、明らかに国家権力の不当な弾圧だと思うようになりました。男性にそのことを伝えると「そこまで言ってくれるのなら、あなたに私が持っている資料をすべて提供します」と言ってくれました。

初の著書『死なう団事件』。松本清張さんが帯を書いてくれた

死なう団は日蓮の教えに絶対的に従い、江川桜堂という若者が盟主でした。1933年（昭和8年）に白装束姿で全国布教に出た際、神奈川県の特高警察にテロ団体の疑いをかけられ、宗徒の男女はひどい拷問を受けました。自決未遂事件は特高に対する抗議として行われました。

僕は取材を続け、1972年にれんが書房（東京）から、死なう団事件を追った本を出版しました。初の著書を手にしたとき、僕はうれしくてその夜は本を抱いて寝ました。

表紙の「帯」の推薦文は松本清張さんが書いてくれ、「新進気鋭の記録者として、今後の活躍を期待できる人だ」と結ばれていました。売れっ子作家の清張さんからのこの一文は何よりの励ましでした。

本の出版から3カ月ほどして取材でお世話になった宗教団体の元信者の男性から電話があり、「Aさんが昨日、老人ホームの4階から飛び降り自殺したよ」と知らされました。Aさんも元信者で、その男性には「本が出て良かった。俺も読んだ。もう一度保阪君と会いたい」と話していたと聞きました。

取材を進める中で、警察の資料も入手し、分析しました。特高警察はなぜこれほど、団体の内部事情を詳しく把握しているのか不思議でした。そしてスパイとしてのAさんの存在が浮かび上がってきたのです。

Aさんは「あの事件など、みんな忘れているけど、調べて本にしてくれることはありがたい」と言いながら、当初から取材に協力してくれました。僕はしばらくしてAさんに聞きました。「誰にも言わないけど、あなたは警察に仲間の情報を売っていませんでしたか」「君、どうして分かったんだい」。Aさんの表情は意外なほど落ち着いていました。僕が「直感かもしれません」と答えると、Aさんは当時のことをゆっくりと話し始めました。

「あのころ、自分は川崎で工員をやっていた。遊びざかりで金が欲しいときだった。酒、女、ばくちでいつも金がなかった。そんな時、警察から死なう団の中に入って情報をくれれば、金をやると言われたんだ」

一気に当時のことを話し終えると、Aさんは「やっと、ほっとしたよ」とつぶやきました。

僕は本の中でAさんに一切触れませんでしたが、自殺と聞くと自分を責めざるを得なかった。「書いたことで、人が死んだ。こんなことが許されるのか」と。僕は心理的につらくなり、満員電車に乗っていても、その空間には自分一人だけが立っているような錯覚に陥り、孤独や強迫観念にかられました。

そんな状態が1年近く続いた末に、「自殺者が出たことはつらく耐え難いが、こうしたことを恐れていては、事の本質に迫れない」と物書きとしての覚悟を持つに至りました。

自分の書いたもので今まで伏せられていた事実が明らかになって、傷つく人が出てくるかもしれない。しかし、それを乗り越えるだけの力強さを自分の作品は持ちうるか。僕はこれから自問自答していかなければいけないと考えましたね。

今もAさんの顔が目に浮かぶと自然と涙が出てきます。ただ、こうした経験は僕が物書きとして生きていく上で、遅かれ早かれ通過しなければならないことだったと思います。

年譜の1行を1冊に――――

僕は1974年に2冊目の著書『五・一五事件―橘孝三郎と愛郷塾の軌跡』を草思社から刊行しました。

「五・一五事件」は1932年（昭和7年）に海軍の青年将校らが起こしたもので、犬養毅首相が殺害されました。それは軍国主義の幕開けとなり、ファシズムの導火線となりました。

この事件でまかれた檄文の末尾に、陸海軍青年将校の隣に「農民同志」の4文字がありました。これは何だろうかと思ったんです。調べると、農業に重きを置く茨城県の農本主義者、橘孝三郎さんが主宰する愛郷塾の塾生たちが関わっていました。

橘さんは大正時代の人道主義者なのに、なぜ昭和に入ってテロリズムに加担したのか。五・一五事件は軍人の側や殺された犬養の側からは書かれていましたが、「農民同志」については書かれていませんでした。

橘さんが水戸市郊外で農業を営みながら健在であることが分かり、僕は「あなたの考え方に賛成でもないし右翼でも左翼でもありません。次世代として歴史を検証する立場から、事件やあなたが関わった理由を知りたい」と手紙を出しました。

橘さんから返事が来ました。原稿用紙の真ん中に「了解」の2文字だけが書いてありました。

僕は1973年1月から1年ほど、橘さんのもとに通いました。橘さんは80代に入っていました。和服姿で正座し、眼光鋭く質問に答えてくれました。ある時、橘さんは僕に「次に来るときは、フランスの哲学者ベルグソンの書を読んで来てくれ」と言いました。

その著作を読むと、そこには「人間がどういうことを意図しているかはその行動でしか判断できない」という趣旨のことが書かれていました。

五・一五事件で愛郷塾の塾生は犬養首相や要人らを政治の中枢で襲ったわけではありませんでした。東京の変電所に入って、機器を金づちでたたくという程度の挙に出ただけでした。では、なぜ変電所を襲ったのか。橘さんの答えは明快でした。

「都市の住民の生活は農村を犠牲にすることで成り立っている。農村がどれほどひどい疲弊状態にあるのか知ってほしかった。電気を何時間かでも止めれば考えてくれると思ったんだ」

橘さんは「君の質問は戦後民主主義に毒されているな」と眉をひそめることもありましたが、僕はその博識ぶりには驚きました。

当時はまだ2冊の本を出したにすぎませんでしたが、僕は物書きとして自立するには何らかの使命感、テーマ、スタイルがないとやっていけないと考えるようになりました。歴史の年譜の1行で済まされている出来事にも、人々の息吹が聞こえ、いろんな人生が凝縮されていると感じるようになってきたんです。

そこから「年譜の1行を1冊の本に」という思いを強くしました。

東条英機をめぐって——

戦後民主主義の中で育った世代にとって、太平洋戦争の開戦時の首相で東京裁判で絞首刑を言い渡された東条英機は、最悪の軍事指導者と教えられてきました。まるで「悪の権化」のように語られていました。

しかし、東条は戦争が始まって日本が快進撃を続けると国民的な人気があったのです。極端なまでに持ち上げられ美化されていったのでした。

どんな人物か知りたいと思いました。1974年から東条を調べ、1979、1980年に評伝『東條英機と天皇の時代』の上下巻を出しました。取材時に「東条を書くなんて右翼か」とあからさまな拒否反応もありました。

僕は軍人のルートは全くありませんでした。そのため陸軍士官学校や海軍兵学校などを出た人たちの集まりの名簿を借りて、東条と関係のあった人たちを片っ端から調べ、約2000人に手紙を出しました。9割近く返事があり、その多くが「会ってもいい」と答えてくれました。

そこで僕が気がついたのは、軍人たちが歴史観を意思統一しているということでした。

例えば東条が悪いのではなく、政治家が悪いんだとか。東条は東京裁判で話さなかったが、天皇陛下に何一つ逆らうことを行っていないとかいうふうにです。

憲兵だった人たちは、戦後は興信所を営んでいる人が少なくなく、僕の身元は徹底的に調べられました。昔の地下水脈的なものの存在を感じました。

その当時、東条の妻カツさんは80代で、まだどのメディアとも会っていませんでした。東京・用賀の自宅に何度も手紙を出したところ、取材を受け入れてくれて30回ほど会いました。

僕が「開戦前はご主人も緊張していたんではないですか」と聞くと、カツさんは開戦2日前の12月6日夜、首相官邸別館での出来事を話し始めました。

「タク（東条のこと）が寝ている部屋から、押し殺したような声が聞こえてきたんです。戸をちょっと開けてみたら、タクは皇居のほうを向いて布団の上に正座して泣いていたんです」

僕は、東条は実際に戦争を始めるとなると、怖くてしかたがなかったと思いました。本の中でこのエピソードを紹介し、小心な軍官僚に3年8カ月の戦争が託されることになったと書いて上巻を終わりました。

東条を調べた上での結論は国を動かすような人物ではなかったということです。人事も偏り、周辺には言う通りに動く部下しかいなくなりました。人間的にも好きになれませんでした。

出版後、政治学者の袖井林二郎さんが書評で「東条を知らない世代がやっと東条の実像を書いた。その意味では特筆する本である」と評してくれたことをうれしく思いました。この本を書いたことが、僕を昭和史の世界へと大きく導いていってくれたのだと思います。

東条を書く時の膨らみというのは首相主席秘書官だった赤松貞雄さん（1900〜1982年）との出会いが大きかったですね。

赤松さんは秋田県出身で、陸軍大学校の学生時代に教官だった東条に教わった。その後、東条が官位を上げていく時に「おい赤松、秘書をやってくれないか」と乞われて秘書になったわけです。東条首相の〝腹心の部下〟といわれ、戦時中の政府中枢の動きを逐一見聞できる立場にいた軍人でした。

僕は1977年から1978年にかけて赤松さんの家を月に3、4回のペースで訪ねました。そのうちに赤松さんから「君には遺言のように話す」といわれるほど信用されるようになりました。ある日、「実はこんな資料があるんだよ」と見せてくれました。

それは「秘書官日記」でした。官職にある秘書官たちは公務として日記も付けますが、これは陸軍、海軍、内務省から来ている秘書官3人が東条との夕食の時などに交わした雑談までもそのまま書きとめているものでした。いわば「私的」なものです。彼は防衛庁（当時）に入れる前に全部コピーを取っており、その数は千数百枚に上りました。

赤松さんは昭和陸軍の内実を教えてくれましたが、僕の中では「この人が生きている間は書かない」と決めていた点もいくつかありました。

その一つが1944年（昭和19年）7月に東条内閣が辞めた時にクーデターの話があったこと。陸軍の一部が東条を担いでやろうとした案でした。最終的に東条に見せたら「やっぱりクーデターは良くない」と言って実行に至らなかった、と赤松さんは話していましたね。

東条の議会演説などには特徴がありました。「惟《おも》ふに」「洵《まこと》に」「蓋《けだ》し」「顧みれば」「斯《か》くの如き」などという語が演説の初めにあり、「であります」と終わることが多かった。こうした草稿は最初に誰が書いたのか。官僚らしからぬ文学的な表現が目立ちました。

僕が何度か聞くと、赤松さんは「それでは明かそう」と語り始めました。

「私は草稿ができるたびに徳富蘇峰さんのもとに届けた。それで徳富さんがあのような形に手を入れた。東条さんは徳富さんの手直しには従っていた」

赤松さんは陸軍士官学校34期でした。軍内では「男妾」とやゆされた秘書官という立場にコンプレックスを持っていました。職業軍人なら大本営の参謀になったり、前線の司令部の参謀に就きたかったでしょう。「私としてはこういう形（秘書官）で、お国に奉仕することもあると考えて割り切った」。その言葉に赤松さんの気持ちを痛いほど感じました。

終戦の日――

昭和天皇の侍従を１９３６年（昭和11年）から１９４６年3月まで務めた岡部長章さん（１９０９~１９９６年）は、僕にとって「宮廷学の師」といった存在でした。

岡部さんは大阪岸和田藩最後の藩主・岡部長職の八男、13人のきょうだいの末っ子。長兄の長景さんは１９４３年の東条内閣改造時には文部大臣を務めました。岡部さんのすぐ上の兄長挙《ながたか》さんは朝日新聞社社主の村山家に養子に入り、昭和初期から中期にかけて朝日新聞社長でした。

岡部さんは東京帝国大で東洋史を学んだ後、帝室博物館から侍従になりました。僕が取材で初めて会った昭和50年代は京都外国語大学で教えていました。

僕は昭和10年代から終戦にかけての宮中内部、侍従たちの人間関係、そして宮中に身を置く侍従から見た政治家、軍人などの動きについては、岡部さんの証言を頼りにしていました。

岡部さんが僕によく話された話の中には、1944年（昭和19年）8月に御文庫と大本営地下壕を結ぶ地下道を作ることを藤田尚徳侍従長に進言したことがあります。岡部さんはこう提案したそうです。

「大本営築城部が作った10トン弾に耐える立派な防空壕がありますが、吹上の御文庫からそこまで御料車でお出ましになると、5分以上かかります。地下道を作っておかないと、いざという時にお出ましを願えぬことも起こり得ます」

昭和天皇の許しを得て、数日後には工事が始まりました。

1945年（昭和20年）8月に入り、広島、長崎への原爆投下、ソ連の対日参戦を受け、14日の御前会議でポツダム宣言を受諾し、連合国に降伏することが最終決定された。天皇は14日深夜、宮内省内廷庁舎でマイクの前に立ち、終戦の詔書を朗読して録音しました。

ところが皇居は緊迫した夜を迎えていました。陸軍将校らのクーデター未遂事件。玉音放送を録音したレコード原盤を奪おうとした。岡部さんは8月15日が日直で出勤すると、陸軍将校らが録音盤を探し回っていました。

そしてクーデターは失敗に終わり、正午の玉音放送が近づいてきました。岡部さんは、この日の昭和天皇の様子をすべて見つめることになります。

玉音放送が終わると、昭和天皇の政務室から侍従室へのベルが鳴りました。天皇の前に出ると「岡部、今のはどうであったろう」と質問したというのです。

「私は侍従職を務め10年がたっていましたから、陛下の表情や話し方から、お気持ちがすぐに分かりました。一言でいえば、陛下の表情はそれまでの大東亜戦争の間には決して見せなかった表情でした。ご機嫌のいいときの顔だったんです」

僕は毎年8月15日の終戦の日を迎えると、岡部さんのこの言葉を思い出します。

ゴーストライター――

フリーの物書きとして本の出版を重ねていく中で、「ゴーストライター」を依頼されるようにもなりました。本人（著者）から話を聞き書きし、1冊にまとめていくわけですが、そこには僕の人生にとってかけがえのない出会いもありました。

僕は出版社の朝日ソノラマを辞めた後も、この会社に出入りしていました。そのうちに、朝日新聞の元政治部記者の塩口喜乙さんが社長に就任します。ある日、塩口さんが「保阪君。伊藤ブーちゃんに自民党の裏話を書かせるんだけど、健康上の問題もあって、君が聞き書きしてくれないか」と言われました。

「ゴーストライターですか」と聞くと、「そうだよ」という返事が返ってきました。

ブーちゃんこと、伊藤昌哉さんは池田勇人首相の元秘書官で当時の政界消息通にはよく知られた存在でした。豪放かつ繊細な目で政局の表裏を見通すことから、かつて池田首相は「陰の官房長官」と評したほどでした。大平正芳氏の心の友であり、大平内閣を実現させる上で中心的な役割を果たしました。

僕は1980年の12月下旬から15日間ほど伊藤さんの自宅に連日通い、延べ50時間、話を聞きました。速記をまとめた紙の高さは1メートル近くになり、それを基に書いた『自民党戦国史』が1982年8月に刊行されました。

伊藤さんは金光教の信者だったので、「お告げ」という言葉が頻繁に出てきました。「大平なんか、『ブーちゃん、お告げはどうなっている』と聞いてくるんだ」「そうすると俺は教会の先生にお告げを聞きに行くんだよ」という具合でした。

しかし、僕は本を仕上げるにあたって、そういう話を省きました。原稿を読んだ伊藤さんは激高しましたね。「保阪君、政治はそんなきれい事じゃないんだ。政治家はみんな孤独で不安でおびえているんだよ。だからお告げとか神様に頼るんだ」と、ものすごいけんまくでした。

それで、その部分は伊藤さんが筆を入れたのです。

本はベストセラーとなりました。最近も、国会議員から「実はあの本は保阪さんが書いたんでしょう」と言われることがありました。

僕と伊藤さんはこうした緊迫したやりとりもあったためか、余計に親しくなりました。伊藤さんは「保阪君なあ。人と人との関係は順縁と逆縁というのがあるんだ」と言います。

「順縁というのは知り合って争いもなく親しくなるケース。しかし人間というのはあつれきもなく、葛藤もなくうまくいくなんていうのは実際はあまりない。逆縁というのは衝突を繰り返したあげくに、そこに新しい関係ができることなんだ」

「保阪君とぼくは逆縁だよ」

この言葉は僕の人生を潤してくれ、伊藤さんの人懐っこい瞳とともに、今も思い出されます。

父との和解――――

1984年1月、父が肺がんの宣告を受けました。母から「お父さんが『長男を呼んでくれ』と言っている。札幌まで来てくれないか」と電話があり、北海道大学医学部附属病院に向かいました。

中学生のころから父と対立、反目してきました。

当時、僕は44歳、父は74歳でしたが、それまで父方の親戚には一度も会ったことがなく、親やきょうだいについても何も知らされていませんでした。

「話しておきたいことがあるんだ」。病室に入ると、父は自分が生まれてからのことを初めて話し始めました。

父の父親は横浜の済生会病院で医師をしていました。父は横浜生まれで両親と兄、姉、弟、妹の7人家族でした。しかし、母親が1918年（大正7年）ごろに結核に冒されたのを機に、母親や兄、弟、妹と次々に家族が結核で命を落としました。

数年後には神奈川県立高等女学校の教師だった姉も結核で亡くなり、父と祖父だけが残されました。

そして、1923年（大正12年）9月1日、関東大震災が発生します。この日は土曜日で、父は家で夏休みの宿題である作文を書いていました。その題は「私の家族」だったそうです。

倒壊した街の中を歩きながら、済生会病院まで祖父を捜しに向かったそうです。そして途中、急に誰かに足首をつかまれます。けがをして横たわっていた中国人留学生でした。青年に水を飲ませていると、いきなり棒で頭を殴られます。自警団の連中で、この時のけがで、父は右耳の聴力を失いました。

自警団の男は「なんで中国人を助けるんだ」と怒鳴り、目の前で青年を惨殺しました。

祖父は建物の下敷きとなって死にました。13歳で孤児となった父は、群馬県富岡にある本家に引き取られました。

病室で、震災時に何があったかを話し終えた父は「それ以来、横浜には足を踏み入れなかった。人間があんな残酷なことができるとは思わなかった」と涙ぐみました。

父が背負ってきたものを理解すると同時に、ある光景がよみがえってきました。父が根室高校の教員だった1952年3月、十勝沖地震が起きました。父は避難する際に家族みんなに1本のひもを手に握らせ、1列になって前へ進んだんです。そこには孤児だったゆえの家族への強い思いがあったと納得しました。

父が1985年7月に亡くなるまで、僕は横浜や群馬県に足を運び、父やその家族の足跡を追い、病室の父に知らせました。

父の葬儀の日。母は「あちらに行ったら、皆さんによろしく伝えてくださいね」とひつぎの父に語りかけました。自分だったら死んだ人に向かって最後に何を言えるだろうか——。この言葉に深く感動しました。

瀬島龍三さん ——

僕は月刊「文藝春秋」の1987年5月号に「瀬島龍三の研究」という原稿を書きました。読者からの反響が極めて大きかったことを覚えています。

瀬島さんは大本営陸軍部作戦部の参謀で、敗戦後はソ連軍の捕虜となり、シベリアに11年間抑留されました。帰国後は大手商社で会長まで上り詰め、中曽根行革では総理の参謀として活躍しました。山崎豊子原作『不毛地帯』の主人公壹岐正のモデルともうわさされていました。

僕は6カ月間に及ぶ取材の仕上げとして、ワシントンの米国立公文書館に向かいました。東京裁判で瀬島さんがなぜソ連検事団の証人になり、日本の軍事政策を告発したかなどの裏付け文書を探すためです。

その結果、瀬島さんに関する新資料が出てきました。東京裁判には特段の用意もなく証言させられたのではなく、事前にハバロフスク近くの保養地で、証人の練習を重ねていたことを示す文書などが見つかったのです。

瀬島さんには、あらかじめ40項目の詳細な質問を渡し、都内のホテルにある事務所で、当時70代の本人と2日間、延べ8時間、向き合いました。

インタビューを進めるうち瀬島さんの話し方の特徴として、物事の本質は話さないが、その周辺については冗舌になることが分かりました。相手の知識量によって話す内容を変えていくタイプであり、知識がないと、その言を信じて「有能なエリート参謀像」が増幅されかねないと思い至りました。

例えば、太平洋戦争の開戦直前、瀬島さんは「12月1日に陛下にお会いするため宮中に行った。雪が降っていてね。自動車の中からやっぱり戦争になるのかと思ったよ」と話しました。そのまま信じると、軍を動かしていたと推測したくなります。

しかし、僕はまだ30代の参謀が1人で行くはずはないと知っていたので、話を詰めると、瀬島さんは単に参謀総長のかばん持ちだったことを認めました。

瀬島さんが具体的に語ろうとしなかった重要な点があります。

それは1945年8月19日、極東の地ジャリコーワでの日ソ間の会談内容です。関東軍総参謀長、秦彦三郎以下の日本側と、極東総司令官ワシレフスキー率いるソ連側との間で交わされたのは、停戦交渉だったとされていますが、実は日本人の労役提供を含む捕虜問題も話し合ったのではないか。僕は同席していた瀬島さんに「密約」があったのか確かめたかったのですが、曖昧な答えを繰り返すばかりでした。

瀬島さんの評伝は1987年末に単行本として出版され、今も版を重ねています。瀬島さんは史実の細部について沈黙を守ったまま2007年に95歳で逝きました。

今後、新しい史料が発掘され、歴史の真相が解明されてほしい――。昭和史を検証してきた一人として期待しているところです。

秩父宮さま――

昭和天皇の1歳下の弟宮である秩父宮雍仁《やすひと》さまは結核を患って、1953年1月、50歳の若さで亡くなりました。

死後に明らかになった秩父宮さまの遺書を読んだ時、僕は涙が止まりませんでした。

秩父宮さまの一生は微妙な立場にありました。昭和天皇に何かあったら皇位を継ぐことになりますが、兄宮に取って代わるという不穏な考えは持ってはならないと教えられてきたようです。元老の西園寺公望は国家改造運動を目指す青年将校に担がれないかと警戒したほどです。

秩父宮さまは英国・オックスフォード大留学などを経て陸軍の軍人として歩みます。配属先の部隊で、一般の兵士を通じて底辺層の生活実態を知ります。

1936年（昭和11年）に「二・二六事件」が起きた時、赴任先の弘前から上京します。反乱軍が秩父宮さまの了解を得ているかのように装ったため、事件の「黒幕」という見方をする人もいます。しかし、僕は1989年4月に出した『秩父宮と昭和天皇』で、そのような根拠はないと書きました。関係者の証言などから確信したからです。

秩父宮さまの伝記は初めてとなります。その人物像を追いかけていて、やはり妃殿下に会わなければと思い、取材を申し込み、「お会いします」という返事をもらいました。

1988年9月、赤坂の宮家で秩父宮妃勢津子さまにお会いしました。宮内庁は取材は2時間30分、政治的な質問は一切しないなどの条件を付けてきましたが、インタビューは2時間に及びました。

戦前から英米の駐日大使らと交流があり、太平洋戦争開戦後は大使館に肉などの食料も届けたとされています。

僕は1941年（昭和16年）12月8日の開戦について、「殿下はご心痛になったんじゃないですか」と聞きました。一瞬これは政治的な質問かと思いましたが、妃殿下は芝生が広がる窓の外に視線を送りながら、話し始めました。雨が降っていました。

「あの年も雨がよく降りました。殿下とは、こんなに降ったらお百姓さんも困るんじゃないかとお話ししていたんです」

僕は妃殿下のお言葉を聞いた時、当時の心境を雨に託したと感じました。皇室の人たちは、こうやって直接話法じゃなくて間接話法的に表現するものだと初めて知りました。

秩父宮さまの遺書には、たまたま自分は皇族に生まれたがゆえにそれほどの苦労をせずに育ったと前置きして、「勢津子が諒解するならば」と、自分の遺体は結核治療のために解剖してもかまわない、遺体もまた特に宗教上の制約はなく焼いてもかまわないと、一市民の目線で持論を展開していました。

僕は本を皇族にも送りました。そうすると、今上天皇の弟宮の常陸宮さまから礼状が来たんです。この方も、秩父宮さまに関心をお持ちなんだと思いました。

早世した息子への感謝——

ある時期から、2月が近づくと息苦しさを感じるようになりました。1993年のことです。当時22歳だった息子を突然失い、本当の悲しみを味わいました。

息子は東京の私立大学で経済学を学んでいました。4年生の時、アパートで嘔吐して入院しましたが、1週間後の2月26日未明、担当医から電話があって容体が急変したというのです。

病室に駆け付けると、息子は心臓マッサージを施されていましたが、その体が冷たくなってきているのが分かりました。まもなく死が告げられました。

死など全く予想できない状態で逝ってしまい、以来、家族の深い悲しみ、葛藤が続きます。

絶望の淵に突き落とされた妻は、僕が出版社や講演に行くと付いて来て、控室などで待つということが1年ほど続きました。大学で息子が取っていた講義を、教室の後ろに座って聴講したこともありました。

僕は息子に語りかける言葉を原稿用紙につづりました。「死の瞬間、おまえは何を考えたのだろう。お父さんはそれを思うと涙が止ま

子どもたちとの家族写真。前列左端が長男

らない」。そんなことを息子に向けて、18カ月にわたって毎日書き続けたのです。

息子の友人に、「息子は付き合っていた女性はいませんでしたか」「その女性との間に子どもをつくっていませんか」と聞いたこともあったほどです。

子どもを失った悲しみは相当長く癒やしの時間が必要でした。僕は『愛する家族を喪うとき』という本を書き、さらに「人は信仰をもたなければ生きていけないのだろうか」という問いを胸に、11の教団を訪ねて1冊の本にもまとめました。

高校2年の時、息子は帰宅するなり僕の仕事部屋に来て、「お父さん、特攻隊は偉いと思うか」と質問を投げかけてきました。その日、学校の授業で先生が「あなたたちよりも四つか五つ上の若者が死んでいった」と涙ぐんだとのことでした。

学徒出身の特攻隊員の散華を半ば感動的な口ぶりで説明する僕に、息子は「でも体当たり攻撃されたアメリカ軍の空母に乗って死んだ若者にだって、人生があったんじゃないの。その人たちは追悼しなくていいのか」と突き放すように言いました。

特攻隊員だけを礼賛して原稿を書くのは、「今も紙の上で戦争をしているってことじゃないの」と疑問を呈しました。

この時、僕は太平洋戦争を新たな目で見つめる世代が登場してきたと自覚しました。

息子とのやりとりを、『昭和陸軍の研究』という著書のあとがきで紹介したところ、ジャーナリストの立花隆さんが「保阪さんの息子さんの言葉は至言であり、真理である」と書評の中で取り上げてくれました。

僕自身も、歴史を見る時、敗残者や死者へ目が届くようになったと思います。息子には、感謝し続けています。

後藤田正晴さん――

僕が人生で最も影響を受けたのは後藤田正晴さんです。彼の評伝を1993年10月に出版したのが縁です。取材過程では時にはぶつかり合うこともありましたが、逆に互いに信頼感を高めていったと思います。

文藝春秋の創立70周年記念で評伝執筆の依頼があった時、僕は迷わず「後藤田を書きたい」と答えました。「タカ派の元警察官僚」「カミソリ」というイメージの一方で、行財政改革の象徴的存在であり、自衛隊の海外派遣に反対していた後藤田さんに魅力を感じていました。

取材は衆議院議員会館の一室に本人を訪ねる形で行いました。1年半で20回ほど会い、気心も知れるようになりました。

しかし原稿ができたころ、後藤田さんは「いつ原稿を見せてくれるんだ」と言うんです。僕は「会話の引用部分は見せますが、私が解釈して書いた地の文は見せられません」と答えました。後藤田さんは、むっとした表情で「うそを書かれたら困る」と言います。僕は「それは検閲じゃないですか」と応じました。結局、会話部分だけを見せましたが、ほとんど手を入れられませんでした。

単行本の見本ができたので事務所に届けると、翌朝、後藤田さんから電話がかかってきました。「君、これは何なんだ。文学的過ぎるよ。わしはこんな弱い人間じゃない」とひどく怒っています。僕は「事実と違う部分だけは直します」と反論し、電話を切りました。

数日後、後藤田さんのパーティーに行くと、奥さんに「本当にありがとうございました。後藤田に血も涙もあることを皆さん、分かってくれると思います」と感謝されたのを覚えています。夫人の言に後藤田さんも納得したようです。

戦争で多くの若者が死んだ大正世代の後藤田さんからは、自らの軍隊の体験を教訓として次世代に伝えたいという思いが底流にあると感じていました。

後藤田さんは、自民党総務会で40代の代議士が「われわれの世代に戦争責任はない。だからいつまでも日本が他国から批判され、屈服しているかのような姿勢はおかしい」と発言したことに触れ、こう語りました。

「まだこんな発言をする者がいるのかと腰が抜けそうになったよ。戦争はもうこりごりだ。そういう危険性のある方向へ日本は踏み出すべきではない」

後藤田さんには、近代日本の中国政策の誤りを正したいという思いもあり、日中友好会館の会長も務めました。

その後、中国側から後藤田さんに「先生の評伝があれば中国語に訳して出したい」という話があり、後藤田さんは「それなら保阪君の本があるよ」と勧めたことを関係者から聞きました。2000年3月、拙著の評伝『後藤田正晴』の中国語版は新華社出版部から刊行されました。

情報参謀——

僕は戦争を体験した延べ4千人余りから聞き書きをしてきました。その中で大本営情報参謀だった堀栄三さんに会えたのは僥倖でした。奈良県西吉野村（現五條市）の堀さんの自宅を1984年に初めて訪れました。

堀さんは大本営第二部の有能な情報参謀でした。戦後は一切弁明も自慢話も拒んで静かに生き、当時は大阪学院大でドイツ語を教えていました。

1944年（昭和19年）10月の台湾沖航空戦で、堀さんは海軍の戦果が誇張されていることに気がつき、「航空戦の戦果に疑問あり」という電報を大本営に送った経緯を、ある参謀だった軍人から聞いていました。

事前の下調べもあり、堀さんは40年間黙ってきた台湾沖航空戦の戦果が間違いと気づいた理由などを語ってくれました。しかし一番聞きたかったのは、なぜ情報が大本営で握りつぶされたかということでした。

「大本営作戦部は情報なんか信用せずといったところがあったからね。だから私は電報を送ったものの悲観的でした」。堀さんはそう振り返りました。

台湾沖航空戦でアメリカ海軍の太平洋艦隊に大打撃を与えたと信じ込んだ大本営の作戦参謀は、フィリピンで計画していたルソン決戦をレイテ決戦に急きょ変更した。〈今こそ海軍が消滅した米軍をレイテで殲滅すべき好機〉と、本当は誤報なのに何ら疑わなかった。

そのことで日本軍はアメリカ軍の徹底した攻撃を受けて10万人近くが犠牲になりました。

堀さんが大本営に送った情報は、作戦参謀だった瀬島龍三さんが握りつぶしたと証言する参謀もいました。瀬島さんはシベリア抑留から日本に帰ってまもなく堀さんに会い、「ソ連で抑留中も悩み続けた。あの時に自分が君の電報を握りつぶした」と告白したというのです。

瀬島さんの告白があったのかどうか。僕が明らかにしてほしいと説得すると、堀さんは意を決しました。「正確な史実を残すべきですね」と語り、瀬島さんとのやりとりが実際にあったことを話してくれました。堀さんからは真実を伝えようとする強い覚悟が伝わってきました。

その後、僕は瀬島さんの評伝を書くため、瀬島さんにインタビューしましたが、握りつぶしについては認めませんでした。

取材を通じて僕と堀さんの親交は深まり、堀さんは『大本営参謀の情報戦記』という本を出しました。日本軍がいかに情報を軽視し、戦略の失敗を招いたかを具体的に証言したのです。

堀さんは1991年に請われて西吉野村の村長になりましたが、2期目に入って体はがんに侵され、1995年6月に亡くなりました。82歳でした。村葬の日、僕は遺族から弔辞を読むように言われました。

堀さんの生き方にこそ真の生き方をくみ取ることができる、との一文を読みましたが、不覚にも涙が止まりませんでした。

吉田茂――――

戦後保守政治を方向づけた最大の政治家の虚実に迫りたい。2000年に刊行した『吉田茂という逆説』は、こうした思いをぶつけた一冊でした。

ある書評は「この評伝は新たな吉田像の描写に成功した」と取り上げてくれました。

吉田の生い立ちから死までの資料を分析した結果、一つの視点を持ち、執筆に取りかかりました。それは、満州事変が起きた1931年（昭和6年）から敗戦の1945年（昭和20年）までの14年間を、吉田が近代日本が「変調をきたした時代」と捉えていたことへの関心です。

吉田は、占領下で連合国軍総司令部（GHQ）のマッカーサーと連携して「新生日本」

を作ったのではない。昭和の陸軍が前面に出る以前の歴史と連続性を持つ「再生日本」を模索したわけです。吉田が理想とした保守本流政治とは、明治の元勲たちの政治と受けとめました。

僕は東条英機の評伝を書いて以来、自分なりの人物鑑識眼というか、尺度を持ちました。例えば東条の実像を求める場合だと、家族などの基礎的な人間関係を第一次円とします。その外側に友人、秘書官など日常的に東条と接した人たちを第二次円として置きます。次に陸軍士官学校の同級生や職務上の関係から東条を見た人物などは第三次円。第四次円は東条が責任者だった際の組織の人たち、第五次円は東条の時代を生きた無数の庶民とするわけです。

証言者がどこに立っているかを見極め、証言を位置づけないと正確な人物像は描けません。

吉田茂の評伝を書く上で強く印象に残ったのは、1990年に行った三女の麻生和子さんへのインタビューです。和子さんの長男は元首相の太郎さんです。

和子さんは吉田が首相だった昭和20年代、私設秘書を務めましたが、吉田自身、「尊敬する人は」と問われ、「麻生和子」と答えるほど信頼を置いた人物です。僕が東京・渋谷の自宅を訪れた時、75歳でした。

和子さんとの会話で、すぐに気がついたのは、父を語る時に「彼」という語を使うことでした。「彼はなかなか面白い人でした」「信念の人でしたね彼は」などの言葉からは、吉田を一人の男性、政治家として見ていることが分かりました。

「吉田さんは頑固とも言われますが」と聞くと、和子さんは「いいえ、友だちの意見もよく聞きました。私が子どものころから、食事の時などに『こういうことに対して君はどう思うかい？』と、話を引き出すようにしてくれました」と話しました。

吉田家では何より対話を尊んでいたといい、和子さんが社会に出た時、あまりにも対話がないことに驚いたと言います。

日本が軍国主義に向かった時代、和子さんはその波に流されなかった。自立していたからでしょう。こういう娘を持ったことは、吉田の人間性を示す一面だと実感しました。

災害史観――

2011年3月11日の東日本大震災は、日本人の思考や精神構造、価値観を変える契機になったと思います。僕はこれを「災害史観」と名づけています。

発生から数日間すべての約束をキャンセルし、家に閉じこもってメディアの情報を注視し続けました。北京やニューヨークなど海外の友人からは電話やメールが送られてきました。

ドイツに住むアメリカ人の友人は「自分はベトナム戦争も体験し、相手を慰める言葉を持っていると思ってきた。だけどテレビで見た日本の津波はその言葉を超えている。自分に何かできるか」と尋ねてきました。

中国人の友人からは「放射能は大丈夫なのか。家族を連れて北京に避難して来ないか」と電話を何度かもらいました。

震災直後、米紙ニューヨーク・タイムズから取材を受けた時、こんなやりとりがありました。記者の「ヒロシマ、ナガサキに加え、フクシマが被ばく地になったが」という質問に、僕は「それは違う。広島、長崎は戦時下にあなたの国が原爆を落とした。福島は戦時下ではないし、加害も被害も我々の国にある。あなたの論理でいけば責任はあいまいになる」と答えました。

僕は震災で両親が死亡または行方不明になった「震災孤児」に思いをはせました。僕の父は1923年（大正12年）の関東大震災で孤児となり、震災の記憶を抱え込みながら生涯を送りました。

厚生労働省によると、1995年の阪神・淡路大震災の震災孤児は68人でしたが、東日本大震災の場合、東北で244人です。父の精神的に孤独な人生を見て、震災孤児の心理的なケアは社会全体の責務だと思うんです。

阪神・淡路大震災の時は発生から2週間後、NHKの番組でリポート役を体験しました。焼けた家の前で泣いている人、じっとたたずんでいる人、炊き出しのボランティアたち。おびえて縮こまっている犬。僕は戦争の傷痕のような神戸市長田区からマイクを持って被災者の声を伝えました。

東日本大震災の時も現場に入りたいと思い、福島県内へ編集者と車で向かいましたが、道路が封鎖されており、途中で戻らざるを得ませんでした。

関東大震災の折、作家の正宗白鳥が「数分間の大地の震動のために文化的設備がすべて破壊されて、汽車も不通、電灯も点かなくなったことを思ふと、人間が何千年で築いた文明の力の薄弱なことがつくづく感ぜられました」と述懐しています。

僕たちは東日本大震災で自然の脅威と人間の無力さを確かめました。しかし、人工災害

（東京電力の福島第1原発事故）については自省なく、無頓着に原発の再開に踏み切った。「文明は万物の勝者ではない」という視点で原発稼働を根本から再考することが災害史観だと思います。

妻の死――

妻との別れは突然やって来ました。2013年6月18日午前5時、僕は書評を書くため、埼玉県内の自宅から近くの一軒家の仕事場に、妻の運転する車で向かいました。2階で一段落していた時、1階の玄関で何か倒れる大きな音がしました。

「頭が痛い。水を…」。妻は横たわっていました。僕が台所から水を持って行くと、妻は吐いており、名前を呼んでも反応がありません。救急車を呼び、娘たちにも連絡しました。

救急車が到着すると、救急隊員はすぐにヘリコプターの出動を要請しました。

妻は埼玉医科大に搬送され、集中治療室（ICU）に入りました。くも膜下出血を起こしていました。結局、妻の意識は一度も戻りませんでした。ベッドの妻の顔を見ていて、僕はこれまでのさまざまな出来事がよみがえってきました。

45年間連れ添った妻。結婚したのは僕が27歳、妻は21歳でした。当時彼女は語学の勉強が諦め切れず、志望の大学に編入学するために毎日遅くまで勉強を続けていました。しばらくして彼女が妊娠していることが分かりました。僕はフリーの物書きになったばかりで、まだ生活も安定していませんでした。

妊娠を知り、妻は毅然とした表情で「私は母になります。私の進みたい道はひとまず断念します。その分、あなたに懸けます。だから自分の思う道を進んで、決して弱音を吐かないでください」と言いました。

彼女は教科書と受験の参考書を束ね始め、大粒の涙をいくつもこぼしました。それ以来、僕のスケジュール管理など実によく仕事を支えてくれました。

僕は結婚当時のことを思い出しながら、病室で妻の耳元に「もっと学問をしたかっただろう。ごめんな。でもよくついて来てくれたね」と手を握り、つぶやいていました。

6月20日の明け方、妻は静かに逝きました。66歳でした。

僕はすぐに天井を見つめました。妻の霊が今この肉体から抜け出して無限の世界に旅立っていくように思ったからです。

僕は66歳の時に腎臓がんが見つかり、右の腎臓を摘出しました。3年後には初期の前立腺がんと診断され、治療を受けました。病気をきっかけに老いていく自分を見つめ、それまでの仕事一辺倒の生活を見直しました。それから妻とも2人で旅行をするようになりました。

妻が亡くなった後、茫然自失の日々が1年近く続きましたが、次第にこう考えるようになりました。作品を書き残すこと、それが彼女への一番の供養になるんだ――。

妻の一周忌も終えた秋の日でした。皇居でお会いした皇后さまから、「奥さまは保阪さんの中で生きているわけですからね」と励ましの言葉をかけていただきました。僕が死ぬ時、妻も死ぬ。今はそう考えるようになりました。

日中戦争――

日中戦争の発端となった「盧溝橋事件」は1937年（昭和12年）に起きました。僕は昭和史を検証する中で、中国側から当時の日本を見ることが必要と考えました。1990年から1992年にかけ計5回、台湾を訪れ、存命していた国民党幹部を取材しました。というのも、日中戦争で日本軍と主に戦ったのは国民党政府軍だったためです。国民党政府軍はその後、中国共産党との内戦に敗れ、蔣介石ら首脳は台湾に移ります。

では、国民党政府は日本の軍事侵略をどう見ていたのか。

台北郊外の自宅で会った陳立夫氏は、中華民国総統府の資政（顧問）でした。1930年代は国民党組織部長などの要職も務めました。当時は92歳になっていましたが、頭脳は明晰で、応接間には孫文の肖像画と蔣介石のデスマスクがありました。

「あなたは国民党の要人として1930年代の日本をどう見ていましたか」。その質問に陳氏は「日本人は傲慢で、東アジアの文化を全く理解していなかった」と答え、「われわれと日本が戦うことで誰が利するのでしょうか。日本の軍人はスターリンの戦略を読み解く力がなかった」と振り返りました。

蔣介石の次男蔣緯国氏は三軍大学（現国防大学）の学長をしていました。かつて日本軍の台湾司令部だった建物の一室で、蔣緯国は「哲学なき軍隊の進む道をやみくもに進んだ」と日本軍を見る目は冷徹でした。

孫文の孫で実業家の孫治平氏にも取材をしました。「あの時代の日本の侵略については『恨』の一字。今も私は怒っている」。「恨」という言葉に強い気持ちが凝縮されていました。

僕は2000年に旧満州（現中国東北地方）のハルビンに行き、社会科学院の研究者にお願いして戦時下に日本に強制連行された老人と会いました。

僕が部屋に入っていくと男性は後ずさりました。「日本人が怖い」とおびえるんです。青島の親戚宅に出かけた時、駅で日本人憲兵に「ちょっと来い」と呼び止められ、港に連れて行かれた。約100人の中国人青年が集められ、貨物船の底に押し込められた。北海道の港で降ろされ、空知地方と思われる炭鉱で終日働かされたそうです。

「私たちは番号で呼ばれた。高熱でもけがをしても働かされ、同胞は次々死んでいった」と証言し、彼自身もひどい暴行を受けて子どものできない体になり、生涯独身だった。取材の最後に彼は炭鉱の親方の名前を挙げ、「西岡を、日本を恨む」と言いました。僕は強制連行のすさまじさに胸が詰まりました。

日本の近代の失敗は対中国政策の誤りにあったと考えます。中国の歴史上の混乱期に日本は中国を侮り、軍事的に攻め入り双方に大きな傷痕を残しました。われわれは過去に中国で行ったことを真正面から受け止め、逃げてはいけないと思います。

皇室の歴史観

２０１７年8月15日、天皇陛下は全国戦没者追悼式で「戦陣に散り戦禍に倒れた人々」への追悼の「お言葉」を述べられました。それを聞きながら、陛下のお気持ちの中に戦争への強い憤りを感じました。

僕が、天皇、皇后両陛下から皇居にお招きをいただいたのは、２０１３年2月でした。以来、作家の半藤一利さんとともに複数回、両陛下とお話をする機会がありました。テーマを決めてあるわけではなく、雑談をするといった感じの懇談でした。

むろん政治的なお話はいたしません。ご質問があればお答えするといった形です。お二人はとくに意見を言われたり、相づちを打たれたりすることはありません。僕が話している時は、体も顔も僕の方に向けられ、半藤さんが話されている時もそのようにされます。

戦後70年、２０１５年の年初の所感で、陛下は満州事変に始まる戦争の歴史を正確に知ることの大切さを強調されました。そういえば、陛下から、やはり満州事変について尋ねられたことを思い出しました。

僕は所感を新聞で読んだ時、この事変に昭和天皇が反対され、戦線不拡大の意向だったのに、軍はなぜ一方的に拡大路線をとったのか、陛下は国民に「皆さん考えてください」と言っていると思いました。軍がなぜ暴走を始めたか。僕は「大元帥」の天皇の立場を検証することが大切だと感じました。

宮内庁が昭和天皇の生涯を編さんした『昭和天皇実録』。僕も半藤さんもすべてを読んで、対談本を刊行しました。陛下からは、実録に対する感想を尋ねられました。僕はある時代の御製（和歌）を複雑な気持ちで解釈しましたとお伝えしましたところ、両陛下とも黙って聞いておられました。

半藤さんは1930年（昭和5年）、陛下は1933年（昭和8年）、皇后さまは1934年（昭和9年）の生まれです。同じ年代の3人が戦争の時代を少年、少女としてどう生きられたかのお話をされていることを興味深く聞いておりました。皇后さまから「保阪さんのお生まれは？」と尋ねられ、「昭和14年（1939年）12月です」と答えました。すると皇后さまは私の妹と同年代ですとおっしゃられ、戦後の教科書もなかった時代ですね、と言われました。

皇后さまも戦争には強い批判のお気持ちを持っていることが、僕には感じられました。

皇太子さまは2016年2月、誕生日会見でこう述べました。

「両陛下からは折に触れて、私たち家族そろって、疎開のお話など、戦時中のことについてうかがう機会があり、愛子にとってもとてもありがたいことと思っております」

日本社会にとって戦争の記憶の継承が何より大事です。皇室ではこの継承が円滑に進んでいるように思いました。このことは、僕にとっても励みになりました。

三つのキーワード――

昭和史の市民講座を東京で20年ほど続けています。受講者は延べ2万数千人に上ります。そこには共通した関心や受講の動機があるように思っています。

新聞社の役員だった男性は学徒出陣で軍隊生活を経験し、そこでは日記の内容が「反戦的だ」と上官に殴られました。しかし、その上官は自分に責任が及ぶことを恐れ、不問にしました。男性は「陸軍はそういう組織だった」と振り返ります。

戦時下、東京女子高等師範学校（現お茶の水女子大学）数学科の学生だった女性は勤労動員で大本営の一室に通い、朝から晩まで計算を命じられました。米軍のB29を高射砲で迎え撃つ時の角度をはじき出す計算で「コンピューターの役目でした」と話します。

このお二人に「なぜ僕の講座に来るのですか」と聞くと、「自分の時間ができたら、天皇制とあの戦争についてじっくり考えたかった」などという答えが返ってきました。

戦争の本質とは何か。僕なりに検証する中で見えてきたことがいくつかあります。空襲を例にお話ししましょう。

当時、米軍は爆撃する1週間、3日前などに「ここに爆弾を落とす」といった予告のビラを空からまきました。日本軍は「見ないですぐに警察や憲兵に届けろ」と厳しく言ったわけですが、その結果どうなったか。

国に忠実な臣民、つまりビラを見ないで渡した人は最初に死にました。逆に警察や憲兵の中には実は見ていて家族をこっそり疎開させた人もいました。

戦争というのは〝国家が良民を殺す〟という実態が浮かび上がってきます。

特攻隊で死んだ兵士の多くが学徒出身や少年飛行兵でした。「なぜ職業軍人が出撃しなかったのか」。僕は疑問を抱き、旧軍人に聞いて回りました。

ある軍人が正直に語ってくれました。「1人の軍人を作るのにどれほど金がかかるかを考えれば分かるだろう」。戦争は人の命に値段を付けて序列化する。殺し合う残酷さとは別にシステムの非情さがあるのです。

僕は昭和史は結局、三つのキーワードに集約されると考えるようになりました。「天皇」「戦争」「国民」です。

「天皇」は大日本帝国の神格化された存在から戦後は人間天皇になりました。「戦争」については、徹底した軍国主義の極致までいった後、非軍事の民主主義体制になった。「国民」は臣民と言われたのが、市民（シビリアン）となるなど、見事に対照的な変化が生まれました。

私たちは今という時代に生きていると同時に、歴史の中で生きています。歴史に生きるというのは先達の知恵を受け継ぎ次の世代につないでいくことです。歴史に対する自覚を持たない限り、市民とはいえないと思います。

第2章
戦争を語り継ぐ

「昭和を次世代に語り継ぐことが昭和を生きた者の務め」との思いで講演する
＝2018年2月21日、函館

「なぜ戦争体験は語り継がれなければならないか」をテーマに、2012年7月から10月にかけて、北海道新聞夕刊で10回連載されたシリーズ。戦争体験を継承する大切さとともに、自らの取材経験に基づく、「話す・聞くための5条件」も挙げています。なお、統計の数字などは掲載時点のままとしました。

奪った命の重き「声」――

Aさんが老衰のために亡くなったとの連絡を受けました。90歳になってまもなくの死でした。

Aさんは都立高校で英語の教員を30年余務めて退職したのですが、その後は自らが学徒兵としてニューギニアやインドネシアでの戦闘に参加したことを明かし、戦友会の平和団体化を目指したり、人とは変わった老後を過ごしていました。ときにニューギニアに赴いて戦友の霊を慰めているとも話していました。

あるとき、私のもとに電話をしてきて、ある戦友会の顧問になってくれないか、次代の人にいろいろ話したいことがあるからというので、私は軽い気持ちで引き受けたのです。それで知り合いになったのですが、15年余の交際で戦争体験ではなく、戦場体験を語り継ぐべきだという私の考えに賛成して、いろいろな仲間を紹介してくれました。私は敗戦時(1945年8月)は5歳8カ月で、戦争の記憶はそれほどありません。ただ太平洋戦争の真実の姿は歴史に残すべきだとの思いで、戦場体験者の体験をよく聞いていたのです。

2年ほど前のある日、Aさんは至急あなたに会いたいと電話をかけてきました。指定された東京郊外のレストランに行くと、「もう先が長くないので、君に話しておきたいことがあるのだ」と言うのです。そしてテーブルの上に、変色し、しわだらけになった1枚の便箋を載せたのです。「読んでみなさい」というので、目を通しました。英文です。10行ほど書いてそこで終わっています。

一部読みづらい単語もあったのですが、内容は「ママ、僕は今ニューギニアの名も知らぬ地でジャップと戦っているけど、あと1週間で除隊になる。キャンベラのあのレストランでパパや…（不明）と祝いの食事をするのが楽しみだ。やはり大学に戻りたい…」というものでした。文面はそこで終わっていました。Aさんは、「これを君に預けたい」というのです。

1944年（昭和19年）6月、Aさんはある連隊に配属されていました。ニューギニアの山林のある地をめぐって連合軍兵士と小さな戦いをくり返していました。あるとき6、7人の仲間とともに斥候にだされました。一帯が見える丘の上にわらぶきの小さな家があり、そこにオーストラリア兵士が3、4人、双眼鏡で日本軍の動きを調べていたそうです。Aさんたちは、音も立てずに近づいていき、彼らを銃撃で倒します。すぐにその小屋を調べると、1人の兵士がテーブルで手紙を書いている姿勢で死んでいました。

Aさんはその手紙を破り取ってポケットに入れ、そして密かに持ち帰りました。読んで愕然となったのです。自分たち学徒兵と似た状況にあり、彼が自分たちの銃で死んだということに心の傷を負ったのです。

終戦時、Aさんはイギリス軍の捕虜収容所に収容されますが、身体検査でも巧みに隠し、日本に持ち帰りました。捨てることも燃やすこともできなくなったのです。

「彼はこの手紙で私とともに生きていると思うことにした。でも自分はもう余命はない。君が預かってくれないか。どのように始末するも君に一任するから…」

と言われた瞬間、私は震えがきました。Aさんは遺棄も焼却もできない心理状態になっていて、それを私に託したのですが、私はこのオーストラリア兵の手紙を資料として残すことなどできない。つまり私は、戦場体験を語り継ぐ世代であり、そのための覚悟はあるが、しかし1944年（昭和19年）の日本兵とオーストラリア兵の戦闘にかかわる関係にまでは立ち入りたくない、と正直に気持ちを打ち明けました。

「失礼ですが、Aさんのお棺の中に入れて一緒に逝かれたらどうですか」

Aさんは、その便箋を額のようなものに戻し、「君に断られたらそうするつもりでいる。ただこの話は誰にも伝えていない」とつぶやいた。

昭和の一連の戦争とは一体何を意味したのだろうか。元兵士たちの戦場体験は、一般にいう戦争体験とはまったく異なっています。戦争体験とは、「戦争という時代」に生きた人びとすべての体験をさすのですが、戦場体験とは一般兵士のほかに、沖縄戦のように非戦闘員の生活空間にまで戦火が及んだときの棄民の体験まで含まれます。この体験は、国家総力戦の名のもとに自分たちと相手側とが直接命の奪い合いをすることです。

戦争はあくまでも人為的行為であり、自然災害とはまったく異なります。戦争を語り継ぐのは、平時の日常の中に戦時という非日常の空間を持ち込むことであり、そこにはいくつかのルールと暗黙の約束ごとがあります。私たちはその基本となるルールと約束ごとをまず初めに理解する必要があるのです。

証言者の「今」を守る――

総務省の2011年6月調べなのですが、太平洋戦争の開戦以前に生まれた人は、2168万8千人といいます。全人口に占める割合では17・1%になるそうです。10年前の2001年調査では3066万7千人で、その割合は24・3%といいますから、着実に戦争体験者は減っています。

しかもこのうち「戦争」という事態を理解していて、それを語り継ぐことができるのは、たとえば10歳以上と仮定するとその数は大幅に減少するはずです。私自身、開戦時は2歳になろうとするころで、父親は北海道江別市の江別高等女学校の数学教師でしたが、戦争初期の記憶などはまったくありません。辛うじて終戦末期の5歳半ばの折りに北海道南部の八雲町の教員官舎での記憶があり、内浦湾越しに室蘭の製鉄所が爆撃される様子を覚えている程度です。

したがって私は、戦争体験といえば「腹いっぱい、ご飯が食べたい」という記憶が軸になっています。そう考えれば、今（２０１２年）は「戦争体験」の過酷さを具体的に話せるのは70代の後半から上と仮定すれば全人口の10％ぐらいではないかとも思えます。

一口に戦争体験と言っても、そこにはさまざまな形があります。私なりに分解していきますと、前回語ったようにまず戦場体験があります。いわば兵士の証言と言っていいのですが、今では80代半ば以上の人でなければ出征体験はないので、それだけに貴重といえるわけです。そのほかに被災（爆）体験、疎開体験、引き揚げ体験、さらに私のように飢餓の体験を含めて戦時体制下の日常体験などに分かれます。あるいは外地体験（旧満州や朝鮮、サイパンなどかつての南方の委任統治下の地域）というのもあるでしょう。こうした体験ひとつひとつが、戦争体験として次の世代に語られなければならないと私は考えているわけです。

なぜ戦争体験は語り継がれなければならないのでしょうか。答えは簡単です。第一に戦争は政治の延長であり、政治の失敗によって選ばれる手段だからです。第二に国家の掲げる戦争目的のために本来国家が守るべき「国民の生命と財産」が犠牲になります。第三に戦争による傷（加害であれ被害であれ）は三世代、四世代と長期間にわたり引きずっていきます。この三点、つまりきわめて人為的な政策失敗の手段だということを確認し、二度と繰り返さないために必要なのです。

戦争体験を語り継ぐためには、まず初めに「戦争体験を聞く」という行為が前提になります。この「聞く」という行為にはルールや約束ごとがあると私は考えているのですが、そのことを初めに整理しておく必要があります。とくに戦争体験を聞くときには、ルールや約束ごとを守らなければ悲惨な事態を生みます。私の知っているある例を語りましょう。

Uさんは中国戦線に従軍した第39師団の末端の将校でした。残虐行為を働いたということで、国共内戦終結後に中国共産党制圧下の瀋陽（旧奉天）で戦犯裁判にかけられます。

他の将校と共にでです。死刑に近い判決を受けますが、本人の話では毛沢東、周恩来ら指導者の温情によって日本に帰されます。Uさんの持ち帰った判決文を読むと、彼の行為は戦時下とはいえあまりにも非人間的行為で、本人は上官の命令とはいえ悔いる日々を過ごします。

昭和40年代のある時期、彼はすべての行為をある作家に告白し、書籍にも取り上げられます。数年後、私は彼に幾つかのことを確認するために自宅を訪ねます。「誰もいないので応接間に」と勧められますが、私の聞きたいことは茶の間や応接間ではなく荒川の土手にでも行って、話を聞きたいと申し入れました。私は戦場の過酷な、あるいは残酷な話を聞くときには、自宅では決して聞かない、なるべく人のいない川辺、公園などで一人で聞くと決めていました。

非日常の話を聞くのだから、それが当たり前と思っていたのです。するとUさんは、「君を信用する」と言いだし、戦争体験、とくに戦場体験を話すときのルールのひとつは、「自宅では本当のことは話さない」と決めていると言ったのです。私が応接間に入ってくるようだったら実は正直に話すまいと、私を試していたわけです。Uさん自身、戦争体験を安易に語ることで、息子が家を出て家族関係が崩壊していたのです。

このUさんと話してみて、はからずも戦争体験を「話す・聞く」の関係には五つの約束ごとがあることを知りました。戦争の時代の体験を「話す・聞くための5条件」と言いかえてもよいでしょう。

その5条件とは次のようになります。わかりやすく、かみくだいて説明します。

《1》「話す・聞く」場所に心くばりをすること
《2》話している人の体験談に口を挟まない
《3》たとえ、話している体験者が「敵」という語を用いても、聞く側は決して用いない
《4》「話す」内容については軽率に判断や審判を下さない
《5》証言内容が個人の体験か、あるいは一般的な話に普遍化できるかを見極める

この5条件は、私自身が自らに課している約束ごとと言ってもいいのですが、五つに通じているのは、戦争体験を聞くときにはできるだけ客観的に、そして冷静にという姿勢が必要だということです。戦争という時代は、平時とはまったく異なる価値観が支配しているわけですから、その価値観を突き放して見つめるとの姿勢が前提だという意味にもなります。

戦争体験を語り継ぐには、第1段階が「話す・聞く」の関係、第2段階は話を聞いた次

の世代やその次の世代の人たちには、「聞いたら確かめる」という姿勢が求められます。戦争体験の中には虚偽、嘘、はては歪曲しての話なども混じっていますから、これを見極めなければならないわけです。このあと第3段階として、「確かめてから伝える」となります。これが「戦争体験を語り継ぐ」の真の姿です。この手続きを間違えて、第1段階の「聞く」から、いきなり第3段階の「伝える」まで進んでしまったら、「確かめる」が省かれてしまうことになります。

この「確かめる」は、戦争体験を聞いて、歴史を学ぶ、歴史を知るという機会を持つはずなのに、それを無視することになってしまうわけです。とくに現在（2012年）は日中戦争や太平洋戦争が終わってから67年も過ぎています。証言者の中には意図的に嘘をつく人、記憶が曖昧になっていて、その体験が偽りというケースも少なくありません。

5、6年前になりましょうか、西日本のある地に住む人物が特攻隊員でもないのに、イギリスのある有名テレビ番組に出演して虚偽の体験を告白したことがあります。そのために、イギリスをはじめ、ヨーロッパの幾つかの国に誤ったイメージが伝えられたことがあります。私は、その人物に「あなたが特攻隊員だったという記録は何ひとつ残っていない」と質問しましたが、彼は「自分は日本の作家やジャーナリストには答えない」と逃げ回っていました。意図的に嘘を口にしている常習者だったのです。

この人物の証言は、実際に学業半ばで特攻隊員に追いやられた学徒兵たちの苦悩が少しも語られてなく、戦場にさえ行っていない自らを美化しているだけの内容でした。私はこの歪んだ証言をイギリスのジャーナリストから確かめられて驚いたのです。

こうした例もありますから、前述の私の5条件について少々説明を続けていくことにします。

《1》の話す場所について心くばりをするというのは、話す側と聞く側のもっとも大切な約束になります。Uさんの話をもう一度語っておきます。Uさんは自ら兵士たちの士気を鼓舞すると称して、残虐行為を何件も働いたわけですが、昭和40年代にある作家が自宅に訪ねてきたのでその内容を話しました。問われるままに応接間で細部にわたり話したと言います。

家には誰もいないと思っていました。奥さんも子供たちも外出中だと思っていたのです。Uさんに言わせると、その作家はUさんの証言に満足して帰ったそうです。応接間に戻ったUさんは、戦後初めて話した自らの体験にあらためて心が痛みました。〈なんと愚かなことをしたのだろう〉との思いです。そのとき応接間の戸が開いて、大学院に進んでいる息子が顔を出しました。隣の部屋で聞いていたのです。

「親父、あんたは何ということをしたんだ。もう僕はこの家に居ることはできない」

とどなり、家を出て行ったそうです。Uさんは、「戦争というのは人間を変える…」となんどもつぶやいていました。

「話す・聞く」のに場所は大切だというのは、とくにUさんの例を見てわかるとおり、戦場という状況下での個人の行動の残酷さを含んでいるからです。逆に、戦時下に食べ物がなくて苦しい思いをしたとか、こんないびつな戦時教育を受けていたというように、個人が語ったにしてもある状況やある集団内の行動を証言するにはとくに場所を選ぶ必要はありません。

東京のある区では、小学生の授業時に80代、90代の高齢者が「戦時下の過酷な生活」を語る試みが行われているそうですが、そういうケースと戦場体験を語るUさんのような場合は意味が違います。場所を選ぶというのは、それ自体が話す側、聞く側の歴史観や人間観を試していると気づくべきです。

ありのまま　歪めずに――

イギリスのBBC放送に、M・プロムナンダというディレクターがいました。彼は私と同じ1939年（昭和14年）の生まれですが、80年代のBBC歴史ドキュメントを数多く制作しました。「映像で語る20世紀」や共産主義がどのようにして崩壊したかなどが、とくに知られています。20世紀前半の戦争の時代を生きたヨーロッパ各国の人びとを数多く取材しています。

その彼が、サッチャー首相から名指しで批判されました。BBCが予算を減らせないのはプロムナンダのような番組づくりにお金をかける制作者がいるからだというのです。結局、彼はBBCを辞めてフリーのディレクターになり、自由に番組を制作する道を選びます。彼は、日本の軍事指導者の実像を探るために、イギリスの別なテレビ局の依頼で日本を訪れました。東条英機をはじめとする軍人たちをヨーロッパで理解する一助にと番組をつくることになったのです。

1カ月ほどの間、私は協力を求められて何度か彼と会いました。その彼がすべての取材を終えて帰国する折に、「日本の旧軍人や元兵士、さらには一般庶民を取材しての印象はどうか」と私は尋ねてみました。そのとき彼が話したことが、今も忘れられません。彼は幾つかの指摘をしましたが、とくに次の一言は印象深い内容でした。

話を聞いてきた。

「私は第2次大戦を戦った人たち、それにはドイツ人もイギリス人も含めてだが、数多くの話を聞いてきた。しかし日本人はまったく他国と違う。日本語がわからないので発言内容のデリケートな部分についてはあえて意見は言わないが、とにかく誰もが戦争の時の体験を話すときにその言葉が外に向かって吐き出すのではなく、すべて自分の口から再び体内に戻っていくような口調で話すんだ。これは誰にも共通していて驚いたよ」

私はこの意味がよくわかりました。確かに日本人は戦時下の証言をするときに強い自己主張のもとに、口角泡を飛ばすようには決して話しません。ひとたび吐き出された言葉がまた本人の中に戻っていくかのように弱々しいのです。プロムナンダはそう語ったあとに、「日本人は戦時の体験をすべて悪いことをしたと思っているからそんな話し方をするのか」と尋ねてきましたが、そのような一面はあるかもしれないとなんとなく私は曖昧に答えました。

なぜかと言いますと、日本社会では戦時体験を「すべて悪」との前提で話すのですが、プロムナンダの言ったことは善とか悪とか言うのは別問題、あなたの体験を話してくださいと尋ねているのであり、善悪の判断などは聞いていないという意味です。この点が日本社会とイギリスなどの違いで、ヒトラーが悪くてドイツも悪い、イギリスが正しいのだといった前提での証言など別に聞きたくはないということになります。

このことは私も納得できるのですが、日本社会ではなかなかそうはいきません。

私は「話す・聞くための5条件」を挙げました。その第2項に「話している人の体験談に口を挟まない」を挙げ、第4項には「『話す』内容については軽率に判断や審判を下さない」を指摘しました。これはどういうことかと言いますと、「戦争を語り継ぐ」とは戦争という時代のありのままの姿をまずは聞き、それを検証、あるいは確認して次世代に伝えていくというサイクルを持っています。ここで重要なことは「ありのままの事実」を話してもらうということなのです。

前述のプロムナンダの指摘したことは、日本社会では戦争体験の話を聞くときに、体験者が「ありのままの事実」を語っているのに、聞く側が「戦争は嫌ですねえ」とか「もう二度と戦争などしたくありませんよねえ」といった言を挟むために、話している人は「ありのままの事実」を語らなくなると言っているわけです。つまり、こんな話をしたところでと、せっかく話してくれている人がバカバカしくなるということです。そういうあたりまえの質問や判断を口にするということは、苦衷を訴えている人に嘘をついてくださいと頼んでいるに等しいともいえます。

日本人が外に向かって自らの戦争体験を話すのではなく、口の中に言葉が戻っていくということは常に「戦争は悪い」と言いつつ話をせよとの社会的な圧力があるという意味なのです。ヨーロッパで多くの人の戦争体験に耳を傾けてきた敏腕ディレクターは、その圧力を見抜いたともいえるでしょう。と同時に、ヨーロッパ社会と日本社会との間には、戦争体験を語り継ぐという社会慣習にも基本的な枠組みの違いがあるということに気づかされます。

ここで断っておきますが、私は「戦争が悪い」と言うなとか、「戦争体験は悲惨だった」などとの言を否定せよ、とかそんなことを言っているのではありません。戦争はいかなることがあっても「悪」であり、それは避けなければならない人為的行為です。それ自体当たり前のことです。当たり前のことだから、それを口にすることは必要ではないというのでもありません。戦争の体験を聞くというのはそのことが前提になっているのです。前提になっているのにそれを何度も口にしていると、話す人はまるで自分が「悪」を正当化して語っているような奇妙な心理状態になってしまいます。

あるテレビ局が、兵士たちの証言をこの何年か精力的に集めています。戦争の体験を語り継ぐためにこのような組織だった作業が当然必要です。こうした番組づくりにかかわるディレクターたちを前に、私は講演したことがあるのですが、そこで気づいたのは彼らの大半はすぐに「戦争は嫌でしたよね」となんども質問してしまうタイプなのです。その結果、その体験を語っている元兵士たちは一様に話す内容を聞く側に合わせていくことがフィルムを見ていると、よくわかるのです。

事実は少しずつ歪んで伝わっていきます。

「敵」は表現を変えて――

「話す・聞くための5条件」の中の第3項について話します。戦争の体験者（特に戦場の体験者）は自らの体験を話すときに、しばしば「敵」という表現を用います。たとえば、戦闘を語るときに「われわれの部隊はガダルカナルで敵の師団に包囲された状態になって……」とか、特攻作戦を具体的に語る元兵士が「特攻隊員が敵艦船に突っ込んでいって……」といった具合です。

こうした話を聞きながら、聞く側には「そうですか。そんなに敵をやっつけたというのは大手柄ですよ」などと相づちを打って興奮する者もいるほどです。「敵を全滅させたんですね」など、実に安易に「敵」という言葉を口にする聞き手もいます。

これまで私が、戦争体験を聞き書きの形でもとにかく活字にして残しておき、次世代に継承しようと考えたのは、簡単に言えば、戦争を二度と繰り返さないためということなのですが、そのとき「敵」という言葉を使ってしまったら体験の継承というのが意味をなさないことに気づいたからです。「敵」と言ってしまうと、私は他人の記憶を利用して、今なお戦争を続けているのと同じ状態になってしまいます。かなり前になりますが、私は特攻隊員の体験を集中的に聞き歩いていました。ときどきその資料整理などを高校3年生だった息子やその友人が手伝っていました。あるとき、学徒出身の特攻隊員が沖縄でアメリカ軍の艦船に体当たり攻撃して、「敵」に相当の被害を与えたことを生き残った特攻隊員から聞いて、その話を興奮気味に息子たちに説明しました。

すると彼らは、「そのアメリカの艦船で死んだ四、五百人の水兵にだってそれぞれの人生があったはず」と私の口ぶりに水を差すようにつぶやいたのです。その瞬間、「ああ太平洋戦争を見つめるのにまったく新しい見方をする世代が育ってきたんだ」と私は思いました。

体験を語り継ぐといいつつ、「敵に相当の被害を与えた」のだから、この特攻隊員は報われたというような考えが私にはあったのです。しかし新しい世代（息子たちは昭和40年代生まれ）は、それは意識の上で、あるいは心理状態として、今なお戦争を続けていることではないかと指摘したのです。

そのことがあってから、私は「敵」という語を使わないようにしました。「こちらとあちら」とか「日本側と相手側」といった表現に変えました。こういう表現のほうが、実は自らの戦争体験を語る人たちには受け入れてもらえることもわかりました。「敵」という表現を使いたくない戦争（戦場）体験者もかなり多いのです。

1942年（昭和17年）1～3月、日本軍はマレー半島からインドネシア（当時は独立国ではありませんでした）までわずかの期間に軍事的に制圧してしまいます。それらの地域には捕虜収容所が次々とつくられます。イギリス人、オランダ人、フランス人など民間人、それぞれの国の抗日と目される指導者などがこの収容所に隔離されます。子供、老人、女性など家族は別の収容所に収容されます。ある収容所の所長（将校A）は捕虜を殴ったり蹴ったり、とにかく強圧的に抑えます。ある収容所の所長（学徒兵出身の将校B）は、ルールをつくり、それを相互に守ることで所内の秩序を保ちました。戦争が終わりました。

連合国側は捕虜収容所の所長はＢＣ級戦犯の対象として訴追を決めます。

Ａは戦争が終わると捕虜たちに袋だたきになって戦犯裁判にかけられます。ところがＢが訴追されると、捕虜たちの間から助命嘆願の署名が集まり、起訴を免れました。

Ｂは戦後、ある大企業の幹部になっていました。私は彼を訪ねて、あなたの収容所は模範的だと外国の文献にも書かれているが、と水を向けても話そうとはしないのです。話すつもりになったら連絡するよ、ということでしたが、それから数年後の平成の初めに手紙が来て、現役を退いたから匿名なら話していいというのです。私は彼の案内する山間部にある宿で詳細に話を聞きました。

「実は今もその収容所のオランダ人たちと交流している。彼らの中には作家もいて、あの収容所のことを書きたいというのだが、やめてほしいと断っているよ」

彼は、捕虜収容所の所長になったときに、英語で三百人ほどの捕虜に自分の方針を伝えたというのです。その方針とは、私は君たちを敵と呼ばない、だから君たちも私を敵と呼ばないでほしい、しかし現実には私の国とあなたの国とは戦争状態だから、敵同士であり、それを否定するわけにはいかない、ただこの収容所はお互いにルールを守っていれば敵ではないと伝えたというのです。英語で話した理由として、もしこの内容を日本語で説明したら、部下の下士官が「所長は生ぬるい」と連隊司令部に伝えて、私も軍法会議にかけられたでしょうね、と苦笑いを浮かべたのです。

Bは、決して捕虜を殴らなかったし、加えて家族間の手紙の交換（むろんチェックはしましたが）を認めました。Bにとって、この所長時代の最大の「敵」は、実はAだった、といいます。おまえの収容所は捕虜の扱いが甘いと、ことあるごとにどなられたそうです。「でも戦争は永久に続くわけではないから…」とBは心中でつぶやき、戦争が終わったら、連合国からAは国際法違反で処刑されるだろうなと思っていたといいます。

現実にAは処刑されているのです。

隠された苦悩　想像を――

戦争（戦場）体験者が語る「敵」という語について、もう少し考察を深めてみましょう。この語には実に重い意味があるのです。

戦時と平時では、価値観がまったく異なっています。平時には「人命尊重」というヒューマニズムも戦時下では、「敵」を利する裏切りの思想となります。敵を抹殺するというのが国家総力戦にとってはもっとも重要な思想だからです。戦時下にあっては、相手国に対する憎しみをもつことが強要されます。そのために相手国を罵る言葉が国を挙げて用いられるのです。平時ではとても使えない表現です。

昭和の戦争の期間、とくに1937年（昭和12年）7月の日中戦争、その後に続く太平洋戦争にあって、日本国内でも中国、アメリカ、それにソ連などを罵倒する言葉が氾濫します。むろんアメリカやソ連でも、日本国民を侮辱する表現が使われています。アメリカのテネシー州のある街に2週間ほど滞在したことがあります。その折に私はなんどか老人たちから「ジャップ」とか「ニップ」と言われて不愉快な思いをしたことがあります。中国でも「東洋鬼子」を口にする人たちに会ったことがあります。こうした相手国を謗る言葉は、戦時下の思想を支えるバネなのですが、今に至るもここから抜け切れていない人たちがいるのです。

むろんこれは日本でも同じことです。中国やソ連、アメリカを謗る言葉を平気で口にする人は、やはり戦時下の思想を大なり小なり肯定していると受け止められても文句は言えません。

戦場体験者の中には、生涯にわたって相手国への憎悪が消えない人も少なくありません。

一例を挙げます。平成初年代に大学教授だったWさんは、私の尊敬する日本中世史関係の研究者でした。そのWさんは関東軍の末端兵士として戦いに駆り出されました。そして戦後にソ連軍によってシベリアに連れて行かれ、3年余にわたって筆舌に尽くしがたい辛苦を味わいました。私はそのことを記録にとどめておきたかったので、Wさんの研究室で体験談を聞きました。初めは温厚な口ぶりでしたが、シベリアの収容所で次々と仲間が死亡した件に話が及ぶと、目の色が変わりました。自らの感情が抑えきれなくなったのです。

「スターリンのバカヤローが」とか「ロスケめ」、あるいは日本軍将校の無責任がシベリアの収容所の犠牲者を増やしたという話では、司令官や参謀の名を挙げ、「あのバカどもが……」となんども罵倒するのです。その異様な視線は、話を聞く私を見ているのではないのです。空《くう》を見ているのです。死んでいった仲間たちに代わってその怒りを身体をふるわせて口にしていました。

私は黙って聞いていました。ひとしきり興奮状態が納まると、Wさんは口を閉じたままうつむいています。それは「敵」であるソ連とその指導者への憎悪の感情を抑えようと理性で闘っている姿でした。10分間ほど私たちは沈黙していました。私もスターリンを罵倒したい感情でしたが、もし私がその言葉を口にすると、私もあのときの元兵士の感情を共有することになり、「戦争を語り継ぐ」ことにならないのではないかと考え続けていました。

Wさんは正直な人ですから感情を顕わにしつつも、ソ連と日本軍の指導者の責任を正確に論じていました。しかしなかには、こうした苦衷の表現ができずに、ひたすら相手国を罵り、そしてそこで自分がいかに勇敢な兵士であったかをとくとくと語る証言者も少なくありません。私の体験では、そうした話には誇張や虚偽があることがすぐに見抜けます。そして悪いことにそういう証言者こそが、近代日本の戦場体験者のもっとも望まれる条件だったのです。つまり「敵」をいかに手ひどく痛めつけたかの虚言話といっていいでしょう。

1904、1905年（明治37、38年）の日露戦争では、約100万人の兵士が戦場に動員されました。そのうち約11万人の兵士が戦死したとされています。90万人の兵士たちは戦後になってそれぞれの出身地に帰還します。そのときに軍事指導者たちは、これらの兵士に「決して悲惨な話をするな。戦場で見たことを話してはいけない」と強く命じています。そのかわりに手柄話はおおいにせよというわけです。

もし90万人の兵士たちが、故郷へ帰って戦場の悲惨な話を語ったら、せっかくつくりあげてきた軍事主導体制が根本から崩れるからです。いかに自分たちは「敵＝ロシア」を倒したかの手柄話ならかまわないというのです。とはいえ兵士たちはこっそりと戦場での体験を伝えています。

そのことを恐れた陸軍当局は、1910年（明治43年）に在郷軍人会をつくり、町村のすみずみにまでその目を光らせます。その一方で、文部省は小学唱歌を幾つもつくり、日本の兵士たちがいかに勇ましかったかを児童に歌わせます。1912年（明治45年）につくられた「冬の夜」の2番には、いろりで夜なべ仕事をする父親が「過ぎしいくさの手柄を語る」とあり、それを「居並ぶ子どもは眠さを忘れて耳を傾け、こぶしをにぎる」との歌詞に続けます。

「敵」を倒したという手柄話で、子供たちに兵士としての役割を訴えているわけです。私はWさんの体験を聞いてから、本音を言えば戦に駆り出された兵士たちは、「敵」を憎み続ける感情といかに戦って戦後を生きてきたかに思いを馳せるようになりました。同時にひたすら手柄話を語り続ける元兵士たちの心中にはどれほどの苦悩が隠されているのかを想像しなければならないと思うようにもなったのです。

「私」の証言　重い意味

「話す・聞くための5条件」の中の最終項目に、あえて証言内容が個人の体験か、それとも一般的な戦争体験に普遍化できるか否かを見極めることの大切さを含めています。この項目について考えてみます。

これはどういう意味かというと戦争体験という「公」のことと、そこで自分が何を見聞したかを語る「私」のこととに分かれるということです。わかりやすく二つの例を挙げましょう。ひとつは、戦争という時代にあっては息子や兄弟などが戦死をしても人前では泣くことはできません。「御国の御楯」として名誉ある死を遂げたのですから、むしろ喜ばなければならないのです。共同体の中でも遺族は、涙をみせずにふるまわなければならないわけです。

このことを証言する時に、例えば、ある女性は「建前として泣いてはいけないので家族は涙をこらえて葬儀に参列しています。しかし…私の母は夜ごとに寝室で戦死した兄の名前を呼び泣き続けていました」と証言しています。この場合の「公」の部分は、彼女の証言の「しかし」の前の部分なのです。「しかし」以後が彼女の、いや当時の人々の本音なのです。

戦争体験を語り継ぐということは、この「公」の部分と「私」の部分を正確に理解することです。「公」だけで語る証言は、戦争体験を正直に語っていることにはなりません。むろん、息子を戦争で失った母親が夜中に1人で忍び泣きをしていることのみを語っても、戦争体験を真摯に語っていることにはなりません。この「公」と「私」がきちんと語られることによって、戦争体験は意味をもつのです。

もうひとつの例を挙げます。私のもとに戦争体験を自ら綴った証言記録などがしばしば送られてきます。自費出版の書や、自らワープロ打ちした冊子までさまざまですが、その中には、重い戦争体験の怨念が刻まれています。例えば仙田実・仙田典子著『昭和の遺言　十五年戦争（兵士が語った戦争の真実）』があります。この中に次のような一節があります。

「（ある地方の）国民学校では、校門にルーズベルトとチャーチルの藁人形、及び『鬼畜米英《べいえい》撲滅』と立て看板をおいていた。（略）登校してきた児童は、門にたてかけてある竹槍で、かけ声いさましくこれらの藁人形を3～4回つくようにいわれていた。このため校門には毎朝、順番待ちの長い列ができた」

これは西日本のある地方で行われた「公」の光景です。私は、私より6歳年上の編集者がこの地方出身だったので、この話を確かめてみました。彼は「こんな戦争体験を人に話したことはなかったのだが…」と前置きして、苦い思い出を口にしました。「この話は事実で、自分は国民学校5年生の時に毎朝藁人形の心臓めがけて竹槍を刺した。するとそこに立っていた校長が『よし』と言って校内に入れてくれたんだ。しかし友達の1人がこんな事をしたくないと言って何度も泣いていた。校長に怒鳴られて、彼はいつも校内に入るのが遅れていたよ。僕らは彼を弱虫とか非国民と言ってよくいじめたものだ。思えば、あの異様な時代にまともだったのは、この友人だったと思うと苦しいよ」と述懐していました。

このふたつの例を見てもわかるように「公」の証言がきちんと語られることによって、「しかし」「本当の事を言えば」という「私」の部分が重要な意味を持つのです。「話す・聞くための5条件」の第5項は、こういうことを指しています。「公」と「私」の乖離の中に戦争と言う時代の本質があります。

人前で息子の死を悲しむことができない、相手国の戦時指導者の藁人形に竹槍を刺す。考えてみれば異様な光景です。戦争の時代というのはそういう異様な空間だと思えば、わかりやすいのではないでしょうか。このことをさらにつめて考えてみましょう。戦争体験のもっとも初歩的な話は、「B29が爆弾を投下して怖かった。毎日空襲警報が鳴り夜も眠れなかった」、さらに「艦砲射撃が怖くて山の中に逃げた」という内容です。これはこれで、重要な戦争体験を語り継ぐという意味になるでしょう。私もこのことを否定するつもりは全くありません。

しかし、冷静に考えてみますとこの証言はどこか一面的という感じがします。そのことを「非戦」とか「反戦」の重要な伝承という論もありますが、私はその点には幾つかの疑問を持っています。こういう体験を10回繰り返して「戦争は嫌だ」という論は嫌戦とか厭戦というべきで、かならずしも非戦にはつながらない危険性を抱えています。よく考えてみますと戦争の直接的被害が自分に及んだ時に、戦争が嫌だというのはエゴイズムといわれかねません。被害が自分の所に及ばなければ戦争が嫌だとは思わないからです。

嫌戦や厭戦を非戦や反戦に高めていくには何が必要でしょうか。それは想像力です。日本軍が入ってきたことにより、それぞれのアジアの地域では、日本軍とアメリカを中心とする連合国の戦いが行われています。そうした地域では銃弾が飛び交い、そして戦火が日常生活の中に及んでいたのです。フィリピンなど幾つかの東南アジアの国々、あるいは中国などでは、戦死の恐怖は日常化していました。つまりB29が落とす爆弾が怖かったというのは、戦地の人々の生活に思いをはせることが前提になっているはずです。

この前提がなければ「しかし」「本当の事を正直に言えば…」といった「私」の部分を理解する想像力を持っていないということになります。私はこの点が重要だと考えているのです。

人間性歪ませぬため――

なぜ戦争体験を語り残さなければならないのでしょうか。答えは明白です。「平時とはまったく異なる歴史観、人間観が支配する異様な空間を拒否するため」です。それは人間本来が望んでいる空間とは異なっているために、ありうべき人間像が歪んでしまうからといってもいいでしょう。

戦争体験を次世代に語っていくという行為は、その歪みを正確に伝え、繰り返さないためともいえます。

同時に私は、こと昭和の戦争、たとえば太平洋戦争についてはその体験者は多いに語っていかなければならない義務があると考えています。なぜなら大日本帝国の軍事、政治指導者は、この戦争に関しての資料や文書、それに記録などの一切を焼却したという事実があるからです。1945年（昭和20年）8月14日の閣議で、さらに大本営の方針で、今次の戦争に関する資料や文書の類は一切焼却せよとの命令が下され、行政機構、軍事機構の末端にまでその命令が伝えられます。そのために全国の市町村、軍事施設では14日夜から15日にかけて、次々と資料が燃やされました。

指導者たちはなぜこのような命令を下したのでしょうか。それは大日本帝国が受諾したポツダム宣言の第10項に、「一切の戦争犯罪人に対しては厳重な処罰が加えられるであろう」（『日本外交史（25）』）と明記されていたからです。この戦争裁判を行わせないために資料を焼却したというのが本音です。

この事実から何がわかるでしょうか。私はすぐに次のようなことを理解すべきと考えています。

《1》戦争指導者たちは「戦争の実態」を闇から闇に葬ろうとした。
《2》自らの責任逃れを図り、国民に対してなんらの説明も拒んだ。
《3》たとえ連合国に裁かれようと、歴史的に自らの言い分を次代に残そうとの意思がなかった。

つまりはこの3点に尽きるように思います。あまりにも無責任といっていいでしょう。しかもこの3点に通じているのは、戦争体験を語り継ぐという姿勢などまったくなく、すべて頬かむりしてしまおうという歴史的エゴイズムさえ感じられます。私はこの太平洋戦争の指導にあたった軍事、政治指導者たちの罪はあまりにも大きく、近代日本の恥とさえ考えています。

こういう事実を知ると、今なお一部の論者が他国からの批判に対して、「そういう事実はない。なぜなら資料は残っていない」と反論しますが、その言が必ずしも説得力を持たないのも当然と言えましょう。

私が、大日本帝国が戦争体験の記録を焼却したことを知ったのは、1977年、実際にそれを命じた陸軍省軍事課の軍人（幹部職）から聞かされてのことですが、この軍人はためらいもなく、「上層部の責任逃れですよ」と証言していました。「無茶なことをしたもんだ」とも述懐していました。しかし、このような自省を持つ高級軍人はまだいいほうです。中には詳細な記録や文書がないのをいいことに言いたい放題の暴言を吐いているエリート軍人も少なくありません。

私がいまだに不快に思っているエリート軍人の暴言を2例ほど紹介します。ひとつは陸軍航空本部にあって特攻作戦にもある程度かかわった幹部職の軍人の言です。彼は「特攻作戦というのは軍事的には先導的な作戦だったんだ」と誇り、次のように説明しました。

「今のミサイルの先駆けだよ。ミサイルはコンピューターによって敵の対象物への命中率を高めるわけだけど、日本はそれを人間が行ったんで、これは誇っていいことだと思う」

私は、この発言を聞いた瞬間に、日本のエリート軍人の非人間性を確かめ得たと実感しました。この軍人は、特攻作戦について「人間」を機械に見立てる論を会議などで盛んに口にしていたことも知りました。特攻隊員をコンピューターがわりにたとえることに、なんの痛痒も感じていないことに驚きました。

もうひとつは、やはり省部の要職にあって戦争指導にあたった軍人の言です。彼は、太平洋戦争の指導についてかなり詳しく私の質問に答えてくれました。3時間近くの取材を終えて雑談を交していたときに、不意に「君には息子がいるのか」と尋ねたのです。昭和50年代の半ばでしたが、私の息子は当時小学校の高学年でした。そう伝えるとすかさずこう言ったのです。

「今度戦争がありそうだったら、息子を早めに軍の学校に入れ、陸大に進ませるんだな。私の陸大同期（50人余）の中で戦死したのは3人だよ。それも運の悪い連中で激戦地の司令官だったんだ。陸大に進めばまずは戦死することはないからな…」

陸大を卒業した軍人は、司令官や省部の要職に就いて前線に行くことはありません。だから戦死しないというわけです。この軍人は好意的な口調で私に助言をしていたのです。省部には陸大出身者の人事異動やその赴任先などの資料があり、彼らは「司令官・高級参謀温存」の名のもとに決して戦地には赴いていなかったのではないかと、私には思えました（戦争末期にはそうはいきませんでしたが…）。

こうした言にふれて、私は戦場に赴かざるを得なかった日本の庶民ひとりひとりの兵士としての体験を残さなければ戦死者に申し訳ないとの思いを持ったのです。戦争体験を語り継ぐということは、近代日本の軍事システムのあまりにも歪んだ非人間性を後世に伝えるところにポイントがあると言っていいのです。

体験を書きとどめる

講演やシンポジウムの後などで、よく次のような質問を受けます。

「とにかく戦争体験者は自らの記録を残しなさいとおっしゃるのはわかりますが、私のような者が残したところでそんなものが後世に役立つでしょうか。残すというが、それにはどんな方法があるのですか」

むろん高齢者が多いのですが、自分の体験をどう残していいのかわからない、あるいは残したところでそんなものは実際に役立つのかという疑問です。こういう質問を受けるたびに、私は鴨長明の「方丈記」の冒頭の一節を語ることにしています。この冒頭は「ゆく河の流れは絶えずして、しかももとの水にあらず。よどみに浮かぶうたかたは、かつ消えかつ結びて、久しくとどまりたるためしなし」ですが、私はこれを歴史観という立場から解釈するのです。

「歴史というのは河の流れと同じです。同じような事象が繰り返していてもその内容はまったく異なるし、私たちは一瞬に消えていく泡のような存在ではあるが、その記憶や記録を残すことによって、泡それ自体の息吹を歴史に伝えることができるのです」

私の説明は必ずしも古典の解釈と一緒ではありませんが、要は泡の一粒ずつが無数の記録を残すことで、ある時代の「空気」や人びとの生きた「息づかい」が伝わるのです。それが河の流れをつくっていくのです。

明治維新の折、この時代に生きていた武士が心底で何を考えていたのか、それを確かめるために国立国会図書館をはじめ、いくつかの資料館を調べたことがあります。１８８０年（明治13年）ごろに、西日本のある藩の武士が、自らの日常生活を記録したうえで、新しい政府が軍事組織をつくるならこういうことに注意せよとの書き物を残していました。彼は幕末の武士が乱れた私生活を送っていることを嘆く一文を書にして綴じ、それを教訓にしてほしいと歴史に託したのです。

私はある資料館で、その現物を蔵から取り寄せて読んでみました。妙な表現になりますが、１８８０年（明治13年）ごろにこの資料館に入れられてから読んだ人はほとんどいないと思われる状態でした。しかしこの武士の一文は、百年を超えて「私」と出会ったことになります。「私」は、この一文に接して幕末の小藩の武士が、どんな思いで維新を迎えたかを実感として受け止めることができました。

とにかく資料を残しておけば、必ずいつか「私」のような時代の空気を探ろうとする者と出会うはずです。いつの時代にも、ある時代の庶民の「空気」や「息づかい」を調べようとする者はいます。そういう人たちとの出会いを求めて自らの記憶や記録を残すことは、とくに戦争を体験せざるを得なかった世代にとっては責務と言えるのではないでしょうか。こうした私の説得に大方の人は納得してくれるのですが、では具体的にどのような形にしていけばいいのか、という問題があります。

体験や記憶を残すというと、すぐに単行本とか豪華な書籍にと考えている人がいますが、これはまったくの間違いです。むろん自費出版などで書籍化することがあってもかまいませんが、実はそういう体裁にとらわれていては体験を語り継ぐなどという姿勢そのものが錯覚なのです。私のもとに自費出版の本がかなり送られてきますが、私はほとんど読みません。「書籍化する」という権威が前面に出ていて、その体験談がかなり誇張、歪曲されている例が多いのです。

私が勧めるのは、自らの体験をノートでもいいから書きとどめておくという初歩的なスタイルです。原稿用紙に書きとどめるという形でもかまいません。

最近ではワープロで打って、自らが冊子風に綴じている自分史もありますが、これでもかまいません。中には肉親が質問者になって、戦争体験を持つ世代の人が回答するという形で、テープにとっているというケースもあります。

ではこうして残した記録をどのような形で次代に伝えるべきでしょうか。本来なら国や自治体がその役割を果たすべきでしょうが、日本ではそのような体制ができていません。私の知る限りの例を挙げると、たとえば国会図書館をはじめ幾つかの資料館、大学の歴史

郵 便 は が き

料金受取人払郵便

札幌中央局
承　　認

6435

差出有効期間
2019 年 12 月
31日まで
（切手不要）

0 6 0 - 8 7 5 1

8 0 1

（受取人）
札幌市中央区大通西3丁目6
北海道新聞社 出版センター
愛読者係
行

お名前	フリガナ		性別
			男・女
ご住所	〒 □□□-□□□□		都道 府県
電　話 番　号	市外局番（　　　） ―	年　齢	職　業
Eメールアドレス			
読　書 傾　向	①山　②歴史・文化　③社会・教養　④政治・経済 ⑤科学　⑥芸術　⑦建築　⑧紀行　⑨スポーツ　⑩料理 ⑪健康　⑫アウトドア　⑬その他（　　　　）		

★ご記入いただいた個人情報は、愛読者管理にのみ利用いたします。

愛読者カード　　保阪正康　歴史を見つめて

本書をお買い上げくださいましてありがとうございました。内容、デザインなどについてのご感想、ご意見をホームページ「北海道新聞社の本」http://shop.hokkaido-np.co.jp/book/の本書のレビュー欄にお書き込みください。

このカードをご利用の場合は、下の欄にご記入のうえ、お送りください。今後の編集資料として活用させていただきます。

〈本書ならびに当社刊行物へのご意見やご希望など〉

■ご感想などを新聞やホームページなどに匿名で掲載させていただいてもよろしいですか。（はい　いいえ）

■この本のおすすめレベルに丸をつけてください。

高（ 5・4・3・2・1 ）低

〈お買い上げの書店名〉

都道府県　　市区町村　　書店

■ご注文について

北海道新聞社の本はお近くの書店、道新販売所でお求めください。

道外の方で書店にない場合は最寄の書店でご注文いただくか、お急ぎの場合は代金引換サービスでお送りいたします（1回につき代引き手数料230円。商品代金1,500円未満の場合は、さらに送料300円が加算されます）。お名前、ご住所、電話番号、書名、注文冊数を出版センター（営業）までお知らせください。

【北海道新聞社出版センター（営業）】電話011－210－5744　FAX011－232－1630

電子メール pubeigyo@hokkaido-np.co.jp

インターネットホームページ http://shop.hokkaido-np.co.jp/book/

目録をご希望の方はお電話・電子メールでご連絡ください。

研究者の研究室、民間の出版社などの資料室、個人で収集している記念館などが思い当たりますが、こうした機関に一庶民の記録を送ったとしても十全に保存を守ってくれるという保証はありません。

それぞれの地方自治体がこうした記録を管理する形をとればいいのですが、私自身、逆に地方自治体からこういう記録の保存についての意見を求められるときがあり、そんなときに自治体が実はこのような記録を収集することに及び腰になっていることがわかります。いずれにしても「歴史を語る」というのは政治的行為であり、そういう対立に巻き込まれたくないとの思惑が先行していることがうかがえます。

私は、できるだけ記録を残すべきだと説いていますので、私のところに冊子、原稿用紙、単行本などが送られてきます。そういう中で、やはりまとめておくべきだと思われる体験記録は、私自身が研究誌（「昭和史講座」年2回刊）を刊行してそこに収めています。むろんこれは私個人の微々たる力で行える範囲に限定されているのですが、この研究誌は50年、100年先の次の世代に向けて刊行しているわけであり、商業誌ではありませんし、一般にも配布していません。

こうした運動はつまりは個人の力で行うというのが日本の現状です。そういう個人が、

「よどみに浮かぶうたかたは、かつ消えかつ結びて、久しくとどまりたるためしなし」という精神で次代の人に託していく以外にないのです。

「民」の側の記憶集積――

これまで戦争を語り継ぐとはどういうことか、なぜそうした聞き書き、聞き取りは必要なのかを論じてきました。単に思い出話や昔話で終わっていいのか、というのが私の考えですが、このことについてあらためて整理しておきます。

戦争体験を親から子へ、あるいは祖父母から孫へと語り継いでいく、その最終目標はどこにあるか。私は「市民」になるための重要な儀式だと考えています。今、私たちは「言論、出版、思想の自由」から始まり、「職業選択の自由」「移動の自由」、あるいは「結社の自由」と市民的権利が保障されている社会に生きています。現在の憲法がそのことを保障しているわけですが、これは国家がかつての日本のように国民に一切の自由を認めず、つまりは戦争に駆り立てた国権の横暴に抵抗する権利を認めているということになります。

国家が戦争を選択していくとき、どのような政策を打ち出すか、それを見抜くにはどのような目を持つべきか、「戦争」（これを軍事主導体制といっていいのですが）になれば国民はどれほど不幸になるか、そのことを確かめて、自分なりの自覚を持つということです。私はそれを「市民」といっているわけです。市民というのは国家に一方的に隷属したり、服従するのではなく、国家と五分五分の関係で向き合い、その政策を冷静に客観的に分析する能力を養うという意味にもなります。

もう20年ほど前になりますが、帝国陸軍の二等兵だったIさんにその戦場体験を聞いたことがあります。Iさんの部隊はニューギニアでの戦闘を体験しているのですが、連合軍が攻撃してくる前に病院船が回ってきて、重傷兵を収容していきました。そのときに将校の1人が腹痛が悪化しているというので、その病院船に乗ります。Iさんはそれが仮病だということを見抜きます。

「口を開けば『お国』のため、天皇のために命を捧げろとわれわれに訓示していたこの将校が、仮病で戦場を離脱したのを見て、私は、よし何があってもこの戦争で死なないぞ、何がお国のためだ、と決意したのです」

戦後、Iさんはこの将校の仮病を戦友会誌で暴き、仲間内での論争を引き起こしています。麗句を並べる狡猾な将校によって、「お国」という語が利用されていたのです。こうした庶民の本音を、私たちは聞き書き、あるいは聞き取りをして、「お国」という語を利用する人たちのそのずるさを見抜かなければなりません。それが「市民」になるということです。

ということはこの聞き書きや聞き取りは、重要な社会勉強といっていいでしょう。

庶民の側のこの聞き書きに対して、近年、アカデミズムの世界では「オーラル・ヒストリー」という語が前面に出てきて、歴史上の証言を学問的研究に役立てようとの動きがあります。もともとこの語は1920年代の都市社会学を基にイギリスやアメリカで発達したと考えられていますが、日本で本格的にこの手法が用いられるようになったのは21世紀に入ってからといわれていて、その意味するところは「公人の専門家による、万人のための口述記録」という点にあります。

政治的、軍事的指導者だった人たち「公人」に対して、政治学者や歴史学者、あるいは社会学者などの「専門家」が、その体験を共有財産（「万人のための口述記録」）として残していくということです。学問的研究に役立てていくとの意味も含んでいます。研究者のプロジェクトによって、すでに何人かの口述記録も作成され、その一部は刊行されています。文部科学省の全面的な支援を受けての記録づくりとも称されています。

このオーラル・ヒストリーは「官」の色彩が強く、歴史に名の残る人物の公式の口述記録であるとすれば、庶民の聞き書きや聞き取りは「民」の怨念を込めた記憶の集積といえるのではないか。これは私の独断かもしれませんが、「官」による証言の国有化、秩序化、権威化に対して、聞き書きや聞き取りはそれに抗する市民化といっていいのではないでしょうか。

平成の初めに、自民党政権で副総理だった後藤田正晴さんが国連平和維持活動(PKO)に反対し、憲法改正にも反対していることを知り、この人物の評伝を書いてみようと思い至りました。2年ほど月に2、3回議員会館に通い、そして1914年(大正3年)生まれの世代として、内務官僚、その戦争体験(台湾司令部の主計将校)、それに戦後の官僚生活から田中派の代議士としての軌跡を事細かに聞きました。後藤田さんは「あのような戦争体験をしたら、二度と戦争なんかすべきではないと思うのは当たり前。国家は国民に戦争を要求してはいけない」としばしば口にしていました。私もまったく同感で「それには国民が市民にならなければいけないのではないか」と問うと、「なりうるかね」と皮肉気味に答えたのが印象に残っています。

その後藤田さんがあるとき、「わしのオーラル・ヒストリーをつくりたいと言って、こんな質問が届いているよ」と見せてくれたのです。田中角栄、中曽根康弘両首相の側近としての証言というのです。「君の質問と似ているけれど、君が野党側の質問とすると、こちらは与党側の質問という感じだな」と素早く見抜いていました。これが、聞き書き、聞き取りとオーラル・ヒストリーの基本的な違いなのだな、と私も教えられたのです。

後藤田さんは、戦争の体験を語り継ぐ姿勢がない若手の政治家の歴史感覚のなさを具体的に名指しで嘆いたこともありました。奇妙な表現ですが、私の聞き書きにもっとも理解を示していたのは後藤田さんなのです。「あんな戦争を始める国家は二度とつくってはいけない」との彼の言は、私にとって何よりの励ましでした。この言は戦場に身を置いた者の総意と私は受け止めているのです。

第3章
現代史を見る目

資料に埋もれた仕事場は、歴史について考える場所となる
＝2016年12月9日

安倍晋三内閣による集団的自衛権の行使容認や安保法制などについて、2014年から翌年にかけて北海道新聞で考察した連載記事「保阪正康の目」と、北海道新聞社の社内紙(「審査報」)連載コラムの14年8月からの掲載分をまとめました。人物の肩書や政党名などは掲載当時のままとしました。

安保大転換は戦前回帰

終戦後69年の今（2014年）、安倍晋三首相は「戦後レジームからの脱却」を掲げ、戦後の政策を転換し始めています。

確かに戦後政治は、アメリカに依存してきたなどの問題もあります。ただ自民党政権はこれまで、なんだかんだ言っても軍事を前面には出さず、外交など政治で解決してきた。これは筋が通ったことでした。自民党は憲法改正を党是に掲げて保守層にアピールしながらも、選挙の争点にまではしなかった。保守政治のある種のバランスが働いていたのです。

「戦後レジームからの脱却」の本質は、実は戦前の体制への回帰ではないでしょうか。憲法解釈変更による集団的自衛権の行使容認などは、政治の失敗を軍事でカバーできるようにすることでもあります。つまり、外交交渉で失敗したら、軍事を使うかもしれないという保険を用意し、それを交渉で使う。こうしたやり方は、これまでの自民党の先輩たちの努力をも否定するものです。

安倍政権の行動を止められないのは、チェック機能が崩壊しているからです。かつて自民党にも多くのリベラルな良識派議員がおり、歯止めになっていた。その中心は戦争を経験した世代でした。

例えば後藤田正晴元官房長官。1980年代のイラン・イラク戦争の際、当時の中曽根康弘首相が進めようとしたペルシャ湾への掃海艇派遣に「閣議でサインしない」と反対し、断念させました。後藤田さんは生前、「日本の戦後の一番良いところは、他国に1ミリたりとも、鉄砲を担いで入っていっていないこと。人を殺していないし、殺されてもいない」と語り、「俺の目の黒いうちは憲法に手をつけさせない」と話しました。太平洋戦争で垣間見えた「国民性」に対する反省から、防波堤となっているのが憲法9条。そう考える議員がいたのです。

その国民性とは何か。わが国は目標を設定すれば、短期間で最大限の力を発揮し、何かを成し遂げる国なのです。振り返ると、わずか14年間で戦争に向かって突き進み、国をがれきの山にした歴史があります。満州事変が起きた1931年（昭和6年）9月から、太平洋戦争が終わる1945年（昭和20年）8月までが、わずか14年です。

満州事変が起きたころはまだ日本は不況でしたが、戦争の影などなかった。それが、1936年（昭和11年）の二・二六事件などテロやクーデターが横行し、暴力行為によって急速にものが言えない雰囲気になっていった。日本はわずか14年間でファシズムをつくり上げ、崩壊した国なのです。

一方、戦後は池田勇人首相が所得倍増計画を決めた1960年から14年間で高度経済成長を果たしました。短期間であっという間に何かを成し遂げるわが国ですが、私は安倍政権が特定秘密保護法を成立させた2013年から、この加速度的に国が変わる「14年間」に入ったと危惧しています。今回は、戦争に加わることができる国に向かうのでないか。国民が試される重要な時です。

戦争を体験した世代でないと歯止めになれないのか。そうではありません。戦争を知らないからこそ、戦争を学び、悲惨さを理解しないといけない。重要なことは、どの立場で理解するかです。大本営の部屋で軍幹部が図面を引いても、実際に戦闘で死んでいくのは、20歳過ぎの青年。一兵士がどんな思いをして戦うのか。戦争を考えるには、まず戦うのは誰かから見なければならないのです。

集団的自衛権の議論で、一番欠落しているのがこの点です。派遣される自衛隊員の気持ちを少しも考えていない。集団的自衛権を地球の裏側でも行使できるようにした場合、政治家が行くわけではなく、20歳過ぎの青年が地球の裏側に行き、死ぬかもしれない。議論の無責任さに腹が立ちます。政治家が戦争を体験していないことが問題なのではなく、勉強や想像力が不足しているだけです。

戦後の護憲運動にも反省点があります。平和はあくまでも目標到達地点で、実現するには外交や政治など努力の積み重ねが必要。護憲で平和が守れると言った瞬間、努力して平和にたどり着く精神に乏しくなり、護憲は説得力を失う。戦後の運動にそうした問題点があるから、首相の「戦後レジームからの脱却」に説得力があるかのように誤解されてしまうのです。

（2014年5月11日　北海道新聞朝刊）

軍事行動　制御できるか――

安倍晋三首相は2014年5月15日の記者会見で、従来の憲法解釈を変え、集団的自衛権の行使の限定的な容認が可能か検討する意向を示しました。首相の私的諮問機関「安全保障の法的基盤の再構築に関する懇談会」が提出した報告書には、行使に際して首相が主導して判断するとあります。ですが、政治は本当に軍事行動を制御できるでしょうか。

戦場というのは、恐怖に包まれた異様な空間であり、軍隊はひとたび動いたら独自の論理を持って動きます。自分たちの命を守るために、現場の部隊は安全が確保されるまで戦う。政治が「やめろ」と言っても、現実に相手が鉄砲を撃ってきたらやめるわけにはいかないのです。これまで戦闘地域に行かなかった自衛隊とは、そこが違ってくるのです。

実際、昭和の政治は軍隊の暴走を止められませんでした。1937年（昭和12年）に日本軍は中国北部で盧溝橋事件を起こし、一方的に戦線を拡大していきました。

今はシビリアンコントロール（文民統制）があるというかもしれません。ですが、それは単に首相がトップにいて、自衛隊に命令していればいいという形式的なものではない。政治将校を現場に置くなど、現実に統制できるシステムを日本は持っていません。そこまで戦争を詳しく知った上での今回の提言とは、とても思えません。

首相は日米同盟の強化を強調し、かつて「米国の若者が日本のために血を流すのに日本は流さない」と言ったことがあります。「ちょっと待って」と私は言いたい。戦後、米国が日本のために血を流したことは一度もありません。架空の話を引っ張り出し、日本の若者が米国のために死ななければならないような軽率な論理を口にしているような気がしてなりません。

首相自身が行使容認に賛成する人だけを選んだ「翼賛的な懇談会」による提言にすぎま

せん。言葉のイメージで考えるのではなく、一つ一つ冷静に検証していく必要があります。
（２０１４年5月16日　北海道新聞朝刊）

「対等な日米」狙いは――

安倍晋三首相が目指す集団的自衛権の行使容認について、民主党の海江田万里代表が２０１４年6月11日の党首討論で「自衛隊が米国のために血を流すことが、対等な関係を築くことにつながると考えているのでは」と追及しました。その通りではないでしょうか。首相は「国民の命と平和を守るため」と繰り返しましたが、行使容認にこだわる狙いは、過去の対談集で首相自身が明らかにしているように、自衛隊が米国を守るために戦えるようにすることで、日米関係を「完全なイコールパートナー」に近づけることではないか。日本の軍事強化につながる怖い考えだと思います。

「対等な日米」を目指し、国民の反対を受けながらも１９６０年の日米安全保障条約改定を強行した祖父、岸信介元首相の路線を受け継ごうとしているのです。首相は討論で、オバマ米大統領が「尖閣諸島は日米安保条約の適用範囲内」と明言したことを取り上げ、「アメリカの若い兵士が命を懸けると明言した」と強調し、行使容認の必要性を訴えました。国民の感情に訴えるだけで、具体的な必要性が説明されたとは思えません。

日米を対等化することで何を果たしたいのか。A級戦犯を合祀した靖国神社参拝など一連の首相の行動を見ていると、太平洋戦争で失った名誉を取り戻したいという「戦間期」の思想を持っていると疑われても仕方がありません。

戦間期とは、戦争で負けた国が、失われた名誉や領土を取り戻そうと再び戦争を始めるまでの期間です。第1次大戦で敗れたドイツは、ヒトラーが登場し第2次大戦を引き起こすまでの21年間が戦間期でした。日本は戦後69年間、この戦間期の思想を持たなかったことが誇りでした。再び戦争を起こすことがないよう努力して戦後日本を支えてきた人々は、軍事的な力を重視する安倍政権の政策に疑問を持っているのではないでしょうか。

首相は、海江田氏の「集団的自衛権の行使容認によって、自衛隊が血を流すことがあると明らかにすべきだ」との要求に、正面から答えませんでした。行使容認を目指すのであれば、リスクを認め、隊員が亡くなった場合の補償をどうするかなど、法的な整備を含めて説明する責任がある。一国の首相が「国民の命を守る」のは当然のこと。その「国民の命」には自衛隊員の命も含まれていることを忘れてはなりません。

（2014年6月12日　北海道新聞朝刊）

軍事主導国家の恐れ――

他国を守るための武力行使に道を開く集団的自衛権の行使容認は、戦後積み上げてきた日本のあり方を根本的に変える政策転換です。これまで自国が攻撃を受けなければ一切武力を使わず、政治や外交努力で各国との問題を解決してきました。それが政治や外交交渉の失敗を軍事でカバーできる体制になり、軍事主導国家になりうる可能性を持つからです。

行使容認を目指す政府や与党の根底にある「軍事を強くすれば相手に対する抑止力が働き、戦争は起きない」という発想は、戦前の日本軍と同じ考えです。安倍晋三首相は「平和主義は守り抜く」と繰り返しますが、軍事が大きくなり始めたら政治が軍事をコントロールできなくなるのです。

首相が行使容認を検討するよう与党に指示してから1カ月半。この間の議論で浮き彫りになったのは、集団的自衛権の行使以前に、日本は政治や外交で努力して解決しなければならないことが、山ほどあるということです。

政府は与党協議で、沖縄県・尖閣諸島などを想定して武装集団による不法上陸に対処する法整備を訴えましたが、では中国との偶発的な軍事衝突を回避する努力を何かしているのか。昨年末に靖国神社を参拝した首相は、中国との首脳会談さえ実現できておらず、「日本のドアは開いている」と言うだけ。中国とパイプを持つ議員の外交を強化するなど、やるべきことがあります。日本の安全保障を考える上で軍事的な側面は一部にすぎない。軍事だけを論じて問題を解決しようとするのは政治の役割の放棄といえます。

これほど大きな政策転換を、憲法改正でなく一内閣の閣議決定で済ませることも問題です。政策転換に関して国民からしっかりとした合意を得ないまま、戦闘に発展する可能性がある任務を自衛隊員に担わせることになるからです。

戦後、自衛隊が海外で一人も殺すことが無かったことは日本の誇りでした。しかし、集団的自衛権の行使や自衛隊の海外活動拡大など各種の政策見直しで、今後は自衛隊が戦闘に巻き込まれるなどして他国民を殺傷する可能性さえ出てくる。そうした際、果たして国民が事態を受け入れる覚悟ができているでしょうか。

国民に歓迎されない戦争に参加させられた兵士の悲劇を知っていますか。ベトナム戦争では、命がけで任務を果たした米兵が帰国後に「汚い戦争に加担した」と言われ、ノイローゼになったり、自殺した人もいました。政策転換によるリスクもしっかりと説明し、何年も議論を重ねた上で国民の合意を得なければ、自衛隊員がかわいそうです。

（2014年6月28日　北海道新聞朝刊）

〝抑止力〟が逆効果にも――

2014年7月1日の安倍晋三首相の記者会見は、国民が憲法によって権力を縛る「立憲主義」が壊れた日、ということを象徴する内容でした。

吉田茂内閣をはじめ、歴代の自民党政権は憲法の範囲内で、9条との整合性に苦労しながら日本の防衛力の整備を図ってきました。しかし安倍首相は、集団的自衛権の行使を容認したいという自分の考えを優先させ、それに憲法の解釈を合わせた。発想が逆転しており、とても怖い。安倍首相は会見で、吉田茂首相が自衛隊を創設したことなどを例に挙げ、今回の自身の決断の正当性を訴えましたが、両者の発想自体が異なるもので、次元が違います。

その一方で、行使容認しても「平和国家の歩みは変わらない」と繰り返す。変わらないなら、なぜこれほどの情念で推し進めるのか。自国が攻撃を受けていなくても武力行使できる集団的自衛権の本質を隠しており、ずるいと思います。

首相は会見で行使容認によって抑止力が向上するとの見方も示し、「日本が戦争に巻き込まれるおそれが一層なくなる」とも強調しました。中国を想定しているのでしょうが、全く歴史を学んでいません。

軍事的な力を上げれば戦争が防げるとの発想で、戦前の日本の指導者は1940年（昭和15年）、日独伊三国同盟を結びました。当時の仮想敵国は米国。しかし、逆に米国はこの同盟で日本との戦争を覚悟した。戦争の火種になったのです。いくら日本が「抑止力を高めた」と思っても、相手国が抑止のためとみるとは限らず、リスクも高まる。こうした教訓を踏まえ、歴代政権は軍事ではなく、政治や外交に知恵を絞ってきたのです。

首相がこれほど自信を持って進めるのは、2012年の衆院選、2013年の参院選で勝ち、安定政権に入ったとの思いがあるのでしょう。国民は「あなたに全てを負託したわけではない」と言っていかねばなりません。

（2014年7月3日　北海道新聞朝刊）

異論排除　深まらぬ議論

２０１４年7月14、15日の国会集中審議の中で、安倍晋三首相の物事の考え方が如実に出ていた質疑がありました。民主党の海江田万里代表が、１９４０年（昭和15年）の日独伊三国同盟締結の際も日本政府は抑止力により安全が増すと主張していたと指摘した場面です。首相は「さすが民主党だ」と感情的になり、民主党は「抑止力を全く認めない党だ」というレッテルを貼ろうとしました。

首相は異なる意見にも耳を傾け、じっくり議論しようという姿勢を持っていないように感じます。むしろ異質なものを排除しようとする。これでは多様な意見が反映されず、議論も深まるわけがありません。

議論を積み重ねて、より良い政策を追い求めていく。これが立法府である国会の大きな役割であるにもかかわらず、首相はそれを軽視しています。

「行政権は内閣に属する」と定めた憲法65条を根拠に、歴代の内閣が踏み込まなかった憲法解釈変更による集団的自衛権の行使容認を正当化しようとするのは、そのいい例です。

さらに政府は、秋の臨時国会に行使容認の関連法案を提出せず、徹底的な議論を避けようとしています。

「行政主導体制」の政治は恐ろしい。戦前も軍部が主導権を握った行政に対し、議会は全く機能することができませんでした。異論はすべて排除されていった。戦争に抵抗できなかった議会政治への反省―。これこそが終戦直後の国会議員たちの出発点でした。

立法、司法、そして行政がそれぞれに独立し、互いを尊重しあうのが民主主義の基本です。憲法にまで首相が手を出し、それを立法府が追認するだけでは、その基本が壊れてしまう。

国会の議論を聞いていて「私たちが生きてきた戦後が、こんなずさんな中身で否定されてしまうのか」と感じます。首相の言葉一つ一つのどこが問題か、与野党を超えて国民の前にさらさなければなりません。野党も「議論がかみ合わなかった」と文句を言っている場合ではありません。

国民に不安が広がっています。それにどう応えるか。国会の機能そのものが問われていると思います。

（2014年7月16日　北海道新聞朝刊）

歴史的教訓の継承を――

集団的自衛権の行使を認めるという戦後日本の大転換の中で、69回目の終戦記念日（2014年）を迎えようとしています。私には「歴史の曲がり角」に差し掛かっているのではないかという思いが消えません。

いつの時代もそうですが、後世から見れば「あの時が曲がり角だった」と分かっても、その時代を生きる人には分からない。戦争へと突き進む昭和初期でさえ、多くの人々は「曲がり角」に気づけませんでした。

日本軍が満州事変を起こした1931年（昭和6年）ごろは世界恐慌で不況が続き、一部の農村では娘を身売りする家もありました。これに対し政党政治は二大政党の対立が際立ち、混迷します。国民の不満が積み重なっていました。

その経済が満州事変を契機に上向きます。旧満州（現中国東北地方）という市場を開拓し、軍隊を送ることで食品、軍需産業が潤った。さらに翌1932年（昭和7年）に農村の窮状を憂う海軍の青年士官らが主導した首相暗殺テロ「五・一五事件」を受け、農村救済政策がとられていくのです。

当時の国民が愚かだったわけではありません。「侵略だ」と批判する声も当然ありました。しかし、資源がない日本が生き延びるための「生存圏の確保」として満州進出を肯定する論理の前に、批判はかき消されました。「自国民の生命を守るため」という訴えが国民に支持されたのです。

結果はどうだったか。やがて、特攻作戦などにみられるように、兵士の命が1発の銃弾のごとく扱われる戦争の時代になりました。

今、安倍晋三首相は閉塞する経済からの脱却を唱え、国民の生命を守るためと言って集団的自衛権の行使容認の正当性を訴えます。内閣の一存で憲法解釈を変えても、その政治手法は一定の国民の支持を得ている。行政主導で果敢に決断し実行しているように映るからです。「決められない政治」と批判された民主党政権への反動とも言えます。

集団的自衛権の行使を容認しても、すぐに戦争は起きないかもしれない。でも、いずれ海外での武力行使が本格化すれば、命令に背いた隊員を重罪にするなどの軍事刑法が必要になる可能性もあります。10年、20年と経過し、「あの時が曲がり角だったな」と気づくのかもしれません。

間もなく戦後70年。同時代を生きた人が少数派となり、体験者の子供も高齢化し、孫の世代が社会の中心になりつつある。戦争で亡くなった人の顔が見えなくなり、戦争が「体験」から「歴史」に変わる分岐点を迎えようとしています。

だからこそ、戦争の歴史的教訓を社会で受け継いでいくことが重要です。「曲がり角」にいるか否かを知るのにも、過去の歴史から見た「方程式」に当てはめるしかないからです。戦争をすれば国が傷つく。青年同士が殺し合い、相手国との間に憎しみが残る。復元するのには何十年もかかるのです。このことを忘れてはなりません。

かつての戦争の教訓を無視してしまうのでは、あの時代を生き、戦争で苦悩の果てに亡くなった老若男女の無念が宙に浮いてしまうと思うのです。

（2014年8月14日　北海道新聞朝刊）

憲法9条　空洞化進む――

憲法がないがしろにされていく。日米防衛協力指針（ガイドライン）改定に向けて、2014年10月8日に出された中間報告を見て、私たちはそう理解しないといけません。過去の自民党政権は憲法改正を訴えながらも、現実には憲法の枠内で何ができるかを考えてきました。しかし今回の改定によって憲法9条を空洞化させ、国連平和維持活動（PKO）以外でも、自衛隊の海外派遣を本格化させる新しい局面に入りました。

中間報告では、自衛隊による米軍への後方支援などをグローバル（地球規模）に行うことを打ち出しました。安倍政権は2014年7月の閣議決定で、従来より戦場に近い前線で後方支援する方針も決めました。武力行使をする目的ではないとはいえ、いくら日本が「これは後方支援」と主張しても、それはあくまでわれわれの論理。相手に戦争に参加しているとみなされ、結果として交戦することにもなりかねません。

思想の対立だった東西冷戦の終結後、宗教と民族の対立による戦争が増えました。そうした戦争は憎悪が連鎖し、泥沼化します。宗教を根幹とした国際紛争で一方に関わることは、いくら「世界の平和と安定のため」と掲げても、相手からは恨みも買う。テロの対象になるなど、結果として日本の安全を脅かしかねません。

日米両政府で自衛隊と米軍の役割分担を協議していますが、まずは自衛隊が活動できる範囲を国会で審議して決め、それから日米で協議するべきです。立法府がほとんど機能せず、行政府が突出して物事を決めようとしています。

集団的自衛権の行使容認を具体化する記述を先送りしたのは、政府が国民の知る権利に鈍感だからではないでしょうか。他国に対する軍事的支援は経済的支援と違い、自衛隊員に犠牲が出る恐れがあります。国民にその覚悟ができているでしょうか。「戦後レジーム（体制）」の清算が、国民の議論が置き去りにされたまま進められています。

（2014年10月9日　北海道新聞朝刊）

「抑止力」盾　軍拡の恐れ

抑止力。これほど便利な言葉はありません。国が「抑止力を強化する」と言えば、国民は反対しづらく、軍備を拡大できてしまうからです。

安倍晋三首相は、今回の安全保障関連法案の成立を目指す理由として、中国や北朝鮮を念頭に「抑止力を高めるため」と強調します。互いに抑止力を競えば、地域で際限の無い軍拡競争に陥る恐れがあります。

抑止力という概念は戦後に生まれたものですが、戦前の日本も仮想敵国をソ連や米国に設定し相手から攻められないようにするとの理由で軍拡を続けました。

抑止力の裏側にあるのは、相手国に対する恐怖です。戦前の国は恐怖を利用し、あらゆることを正当化して軍事を肥大化させ、軍事と外交のバランスは崩れました。外交手段を尽くし、相手国から攻められることを防ぐ努力は薄れました。こうして、政治よりも軍事が強い軍事主導体制が確立され、太平洋戦争に突き進んだのです。

戦後は軍事を抑制する力を持つ日本国憲法の下、非軍事に徹し、国際社会を生きる道を選びました。非軍事で平和を得るのは生やさしいものではなく、近隣諸国とも互いに知恵を出し合い妥協を重ねる外交努力も必要です。安保関連法案が成立すれば、そうした戦後70年の積み重ねが壊され、戦後を支えた憲法が実質的に骨抜きにされます。

歴代政権が認めてこなかった集団的自衛権の行使を可能にするなど、今回の法案は一内閣による政策変更のレベルを超えています。憲法改正の手続きを踏んで国民に賛否を問わず、国家の安保政策をこれだけ変えて良いのでしょうか。

これまで自衛隊は海外で鉄砲を撃ち合い、相手を殺傷することはないという大前提がありました。しかし、自衛隊は今後、軍隊に近づきます。戦場に近い地域まで派遣され、他国軍と交戦する可能性も出てくるからです。

国民的な合意ができていない中で、隊員に命がけの任務を課せるのか。任務に向かう隊員に目的をしっかり説明できるのか。必要な手続きを踏まず、法案を押し進めるだけの政権に不遜さを感じずにいられません。

野党は国会審議で、政府がどのような事態を想定しているかなど、条文を厳しくチェックするべきです。単に反対することは簡単ですが、政府見解の矛盾など問題点を明らかにして初めて意味があります。そうした論戦を行うことこそが、国益を守ることにつながります。


（2015年5月15日　北海道新聞朝刊）

戦後70年　過去の教訓伝える責任

太平洋戦争の終結から70年を経た今（2015年）、戦争の悲劇を直接体験した語り部は少なくなり、戦争と同時代を生きた者による解釈から、歴史としての解釈に変わっていきます。当然、同時代史と歴史の解釈には、ずれが出ることがあります。

例えば1945年（昭和20年）5月のドイツ降伏以降、日本は世界の数十カ国を相手に3カ月間、単独で戦争をしていました。最後の3カ月でも沖縄戦、広島、長崎への原爆投下などで20万人を超える人が亡くなり、同時代史でみれば「何とむちゃな戦いをしたのか」

と批判されます。それを歴史でみると「日本はすごい。世界を相手に1カ国で戦ったんだ」と言い出す人が出かねません。そんな危うさがあるのです。

戦後70年の節目の今年、これまで守ってきた戦争の反省や非戦の思想、憲法の枠組みそのものを問い直す動きが強まっています。代表が安全保障関連法案です。

憲法の枠組みとは、戦争と一線を引き、国家として軍事という選択肢は持たないということです。二度と軍事的な恐怖を味わいたくない。戦争を体験した傷の深さが、憲法9条を守り続ける力になりました。

法案によって集団的自衛権の行使を認めれば日本が直接攻撃を受けていなくても、同盟国が武力攻撃を受けた段階で戦争に介入できる状態になります。政治・外交の失敗の挽回のために軍事という手段を使えるようになり、憲法の枠組みを壊す恐れがあります。

そもそも戦争の怖さはどのようなものだったのでしょうか。

太平洋戦争時に飛行機などを使って体当たりした特別攻撃(特攻)隊を調べると、亡くなった4千人近くのうち7、8割が学徒兵や少年飛行兵でした。かつての軍事指導者に理由を聞くと「軍人1人をつくるのに多額の金がかかる。学徒兵や少年兵には金を使っていない」との答えでした。人間に値段が付き序列化が起きる。これが戦争の実態です。

実は、国民が戦争の怖さに気付くのは遅かった。1941年（昭和16年）12月に真珠湾攻撃で開戦した際、ニュースをラジオで聞いた国民は歓喜に沸きました。あちこちで「万歳」の声さえ上がりました。確かに米国に抑え付けられた鬱屈感があったのです。

それまでの日清戦争以降の戦争はいずれも外地での戦いであり、戦争の実感が持てませんでした。1944年（昭和19年）10、11月ぐらいから、B29爆撃機の爆弾が国土に落ちるようになり、初めて気付いたのです。戦争は、われわれの日常が死と向き合うものなのだということに。

本当は想像力を持って、日本が中国などで行っていたことを考えれば気付くはずでしたが、自分たちの国が解体する状況になって、ようやく戦争の悲惨さに気付いたのです。想像力を持つべきだった、という教訓を忘れてはなりません。

安倍晋三首相が8月14日に発表した戦後70年談話では、侵略や植民地支配についての「心からのおわび」が、過去の談話を引用する形にとどまりました。これまでなぜ謝罪してきたかというと、「二度と戦争という過ちを繰り返さない」という意思を国際社会に明確に示すためのものでした。首相は「歴代内閣の立場は今後も揺るぎない」と強調するだけで、何か傍観者的です。本来「おわび」は自分の言葉で伝えるべきです。

談話の中に「侵略」「植民地支配」という文言こそ入れたものの、ただ言葉を使っただけです。過去の日本のどういう行為が侵略で、誰に対して迷惑を掛けたのかも語っていません。政治が歴史に向き合う姿勢と言えるでしょうか。

そもそも首相は国会で「侵略の定義は定まっていない」と述べるなど、過去の侵略を否定するかのような歴史観が見え隠れします。憲法の枠組みを崩しかねない法案を提出したことと、今回の談話は、戦後の問い直しという同じ背景があると考えるべきでしょう。

かつての戦争が歴史になりつつある今、われわれは過去の教訓をどう次世代に継承していくべきでしょうか。単に「戦争は怖かった」と語るだけでは伝わりません。戦争はどういう問題を抱え、どうして起きるのか。知識として伝える必要があります。70年の節目とはその伝える責任を覚悟し、決意すべき年でもあるのです。

（2015年8月15日　北海道新聞朝刊）

特攻隊員の遺書――――

2014年の8月初めに鹿児島県の南日本放送報道部から面談取材をしたいとの申し出

を受けた。ふつうテレビ取材は断っているのだが、「わが県の南九州市が知覧特攻平和会館の特攻隊員の遺書をユネスコ世界記憶遺産に申請したが、国内委員会の段階で却下された。これについての意見を」というので引き受けた。

8月10日に東京で取材を受けたが、その折にこの件に関する資料を手わたされた。今回の国内での申請は、①舞鶴へのシベリア帰還者の記録②東寺《とうじ》百合《ひゃくごう》文書《もんじょ》③知覧からの手紙④全国水平社創立宣言の4点だが、③と④が却下されたとのこと。③では国内委員会の結論として、「(特攻隊員の遺書は)日本からの視点のみが説明されており、より多様な視点から世界的な重要性を説明することが望まれる」などが挙げられている。ちなみに④は資料の正確さに疑問ありとの指摘だ。

「この申請は特攻隊員の一部遺族が熱心で、それに押されて自治体が申請したようです。隊員の遺書が記憶遺産になるのかとの声は県内にも多いのですが」

との記者の言に私は、特攻隊員の遺書だけをとりだして、彼らは平和を希求して身を犠牲にしたとの論は国際社会では通用しないと思う、と答えた。むろん個々の特攻隊員の善意や真摯な性格は認めるが、「戦争」という総体の中で、特攻という戦術は、20世紀の戦争のルールからあまりに逸脱している。加えて彼ら特攻隊員によってアメリカ側にも多くの戦死者をだしている以上、特攻というシステムは残虐な戦術であった。

よしんば特攻隊員の遺書に「平和」へのあくなき願望があるといっても、それは木を見て森を見ない愚を犯していることでしかない。私の説明に記者はうなずいたが、ローカルニュースで報道するだけでは惜しい、もっと全国に知られるべき内容だというのが2人の結論となった。

（2014年8月27日　審査報）

病んだ言論

週刊誌や右派系月刊誌の「朝日たたき」は、集団ヒステリーの状況を呈している。その見出しのおぞましさ、記事内容の下劣さ、そして品性が疑われる表現の数々、歯止めを失ったかのように言論暴力の道をまっしぐらに進んでいる。

こういう状況を見て、そして昭和史に関心を持つ者なら、美濃部達吉の「天皇機関説」排撃運動と似ているなと思った者も多いはずだ。もとより1934、1935年(昭和9、10年) のこのファシズムの予備運動を肌で知る者はいないだろうが (私の生まれる5年はど前のことになる）、たとえば宮沢俊義著の『天皇機関説事件（上下）』（１９７０年刊）を読んだ者は多くの相似形を感じるはずだ。この排撃運動は、貴族院での菊池武夫の天皇機関説攻撃に端を発しているように思われているが、実際には日本主義の雑誌「原理日本」での蓑田胸喜らの執拗な美濃部攻撃が背景にある。

美濃部は、議会中心主義を説く、治安維持法に批判的だ、思想善導を説くのは誤り、といった主張をしていると並べたて、これは反国体的、反日本的だと人格攻撃まで含めて、ひたすら「国賊」とののしる。宮沢は前出の書の中で、「蓑田の攻撃は、その狂信ぶりとその執拗さにおいて、類のないものであった。精神病医にいわせたら、きっとそこに精神病質的な兆候を見いだすにちがいない。多くの人が、かれの名の『胸喜』は実は『狂気』だろうといったが、それはかならずしも冗談とか悪口とかいうものではなかった」とまで書いている。昭和50年代に戦前、戦時下のファシズムがいかに学界に浸透したか、自らの体験を通して語っていたある大学名誉教授が、蓑田の名を口にするときの激高ぶりに私は驚いたことがある。

美濃部を売国奴呼ばわりする言論に、社会的常識をもたない人たちが美濃部個人にテロや暴力行為を働く事態になった。こうした教訓をこの社会は忘れるべきではない。病んだ言論は必ず暴力を誘発するのである。

（2014年10月8日　審査報）

記者の不作法と不勉強――

『昭和天皇実録』が宮内庁によって公開された折、新聞、テレビ、雑誌などから取材を受けた。妙な言い方になるが、ある新聞社を除いてほとんどの社から接触があった。私は新聞の取材は受けるが、テレビは受けない。雑誌は月刊「文藝春秋」は受けるが、あとは断るという原則を持っている。

その原則を貫いていたのだが、取材を断った場合、記者は3通りの方法を採ることがわかった。第一は、私が断りきれない人物を通して再度接触してくるタイプ。第二は、アポイントもなしにいきなり自宅に訪ねて来るタイプ。私が不在だったために郵便ポストに名刺と取材のポイントを書いて入れていく。第三は、断っているのに、「ではまた明日電話します」とこちらの都合など関係なく、そう言って自分から電話を切るタイプ。次の日もかかってくるが、断っているのに、「明日もういちど連絡します」と屈託なく電話を切る。3

日目、「あなたは日本語がわかるのか」と気色ばんで尋ねると、「先輩からは断られたときから取材が始まるといわれているので…」と言い、「昭和天皇についてほとんど知らないので教えていただきたいのですが」と恥じる様子もない。

結局、第一と第二のタイプは取材を引き受けた。この三つのタイプは、いずれもテレビ関係者なのだが、なるほどテレビは荒っぽいという思いがする。日ごろは口調厳しく、「テレビは嫌いなので」と言って話に応じないが、しかしテレビに引っぱりだそうとする側は、あの手この手を使うのだとあらためて知らされた。第一、第二のタイプは相応に勉強していたために、取材は比較的すんなりと進んだ。第三のタイプのテレビ局の友人に、おたくの社の取材陣はすさまじい執念だね、と皮肉を言うと、逆にそういう連中でないと取材がうまくいかないんだよ、だめです、はい、と引きさがる連中は大成しないよ、という回答が返ってきた。その単純さに私は驚き、あきれた。

（2014年11月19日　審査報）

もうひとつ別の「戦後」

北海道新聞の2015年1月1日の1面トップ記事を読んで、「とうとうやりましたね」と独りごちた。久しぶりの太平洋戦争に関するスクープ記事である。

2014年8月、戦後70年の取材スタッフと一献傾けた折、とにかくスクープを何本か書けば、と励ました。太平洋戦争にはまだ手がつけられていない部分（たとえばソ連の対日宣戦時の内実など）がいくつかあり、そこにメスを入れてほしいと思っていた。

11月であったか、取材スタッフのI記者や東京支社のB記者から取材を受けて、初めてアメリカ軍がひそかに北海道上陸作戦を想定していたことを知った。アメリカの国立公文書館から発見した文書だとも聞かされた。

しかし私が驚いたのは、アメリカ人ジャーナリストが書いたオリンピック作戦（1945年11月）やコロネット作戦（1946年4月）についての大部の書の中に、わずか1行か2行、北海道上陸作戦も一時期考えられた節があると書かれていた部分にI記者らは注目したようだ(この書を熟読していた私はまったく見のがしていた)。そういう目くばりに、私は心底から敬意を表する。

1943年（昭和18年）10月の統合参謀本部が練ったこの計画は、むろんこの年5月のアッツ島での日本軍玉砕によりアリューシャン列島の防備が薄くなったことに端を発していたのだろう。北海道新聞のこの記事は、太平洋戦争史の一部書きかえを余儀なくさせることにもなる。

こうしたスクープ記事は、今後研究者やジャーナリストの著作に引用されるべきだ。できれば軍事史学会などでも詳細に発表されるといい。同時にこの計画がもし実現していたら、北海道は、あるいは1944年（昭和19年）春、夏には沖縄戦のような様相を呈していたかもしれない。米ソ共同作戦が行われて、北海道はソ連の制圧下に入ったとの想定もされうる。もうひとつ別の「戦後」があったとあらためて正史を見つめ直す視点ももつ必要があろう。

（2015年1月15日　審査報）

軍隊と性――

戦時下の慰安婦問題は、現代の日本社会を検証するときの鍵になる。朝日新聞の報道検証が大騒ぎされたが、その本質は「軍隊と性」について日本に冷静な分析がないという一事である。

無知な政治家が「慰安婦などどこの国にもいた」などと言いだすと、右翼弁士が「そうだ、そうだ」と呼応する。しかし20世紀の「軍事と性」を考えるとき、この背後にはそれぞれの国の政治体制が反映していることを理解すべきである。1944年（昭和19年）6月にフランスのノルマンディーに連合軍は多大な犠牲を払いながら、上陸作戦を成功させた。喜んだフランスの公的機関が兵士を慰めるためにと慰安所を開設した。しかし、1週間も経ずして閉所となった。

この慰安所開設を知ったアメリカ国内の婦人団体が、「女性の人権を考えているのか」と激高し、アメリカ軍首脳に抗議を行い、こうした施設をすぐに閉所に追いこんだのである。ファシズム国家よりデモクラシー国家のほうが、人権の視点で慰安所を認めなかったのだ。こうした事実を謙虚に認めなければ、日本社会は恥の上塗りを重ねることになる。

内々に知られていることだが、日本軍が侵略した中国各地には、今も慰安所の施設とその資料が残っている。ハルビンから雲南まで数多くあり、敗戦時に日本軍が焼却する前に中国軍や連合軍に押収されたというのである。これまで中国政府はこうした事実を公式に明らかにしていないが、「戦後70年」や「対支21カ条要求100年」の今年(2015年)、日本政府批判に用いるとも予想された。しかしその動きはなかった。

しかしいずれ、韓国による慰安婦問題の日本糾弾に、歩調をそろえるだろうとの予測もある。

今の日本に必要なのは、かつての戦争の侵略行為を認めて、国際社会に通じる歴史的談話を発信する揺るぎのない姿勢を貫くことである。

(2015年2月25日　審査報)

朝日問題の本質を見誤るな――

朝日新聞ジャーナリスト学校発行の「Journalism(ジャーナリズム)」2015年3月号が、270ページのほとんどを割いて「朝日新聞問題を徹底検証する」という特集を行っている。同じ朝日新聞グループとはいえ、慰安婦報道の検証紙面、吉田調書問題、池上コラム問題などを客観的に、ときに辛辣に評している。

一読者として、あるいは朝日の第三者委員会の委員の立場で関わった者として、この特集号には共鳴、納得、反発といった複雑な感情を持つ。総勢30人近くの執筆陣のなかには、いうところの歴史修正主義者の無知な稿が含まれていないのが救いだが、一方で慰安婦報道に詳しい論者はより細部に分けいっての論を展開するため、その筋立てが見えなくなっている。逆にとにかく朝日よ、しっかりしろという激励調の論は硬直しているとの感がしてならないのだ。バランスのとれた論（朝日新聞問題を歴史と現代に位置づける試み）は数えるほどしかない。

この号で私がもっとも感心したのは、冒頭の鼎談＝作家半藤一利氏、東京大学教授苅部直氏、元朝日新聞編集局長外岡秀俊氏＝である。3人はそれぞれ冷静かつ論理的に、そして自らの体験を交えて話し合っているのだが、半藤氏は「一部の新聞は何をどう考えているのだろうなとほんとうに思います」と言い、新聞社同士がお互いを叩きあう愚を歴史を踏まえて論じている。言論の本質に関わるときは「権力対メディア」の構図をつくりえないこの国の風土の弱さを指摘している。

苅部氏は、極論だが、としつつも、「慰安婦報道で朝日新聞社へ攻撃に押しかけてくるような連中は、自由でない社会をつくりたいと願って、みずから自分の人権を放棄しているようなもの」と断じている。2人のこの至言を確認することが、今私たちにもっとも必要ではないかと思う。右顧左眄するな、軸をずらさずに本質を見よ、というのはいつの時代でもメディアの姿勢なのである。

（2015年4月8日　審査報）

北朝鮮情報の真偽——

北朝鮮の内部情報は、意図的に流されることもあり、正確か否か簡単には判断できない。2015年5月中旬のある勉強会（複数の国会議員を交えて7〜8人の会）で、中国情報、北朝鮮情報に詳しい研究者からきわめて「正確」という前提で、なるほどという話を聞いた。

この研究者は中国語、韓国語、それに英語に堪能で、とにかく原文に接して情報を読み抜く才がある。彼によると、韓国の国家情報院が北朝鮮の玄永哲人民武力部長が反逆罪に問われて、金正恩第1書記の命令で銃殺されたというのはまったくのうそだという。最近北朝鮮の指導層に属する人物が韓国に逃げてきたのだが、その人物が土産話として語ったのが情報源なんだとか。国家情報院でも二派に分かれて真偽を論じたそうだ。あげくに事実だとする一派が発表に踏み切って世界に打電された。

この話は、韓国の朴槿恵大統領が機をみて米国側指導者にひそかに伝える予定だったとか。ところが逆に、北朝鮮側はその折に玄氏を舞台に登場させ、韓国の情報工作がいかにインチキかを暴く手はずになっていたそうだ。しかしこの予定はもう大幅に変えざるを得ない。

北朝鮮側は巧妙なトリックを用いていたにせよ、韓国の国家情報院もそういうトリックを知って、あえて発表せよという側と、発表せずとの間で激しい論戦をくり広げた節もあると、この研究者は指摘する。

彼は、北朝鮮の各種のメディアを見ても、もし粛正されていたら大体は金第1書記の傍らに立っている姿なども写真を操作して消してしまうが今回は違う、軍事に対して誠実な態度をとらなかったのが玄氏への怒りであるにせよ、存在をすべて消してしまうこれまでの粛正とは異なる、というのだ。

この研究者の言が正鵠を得ているか、それともガセネタか、いずれ真相はわかるとのことだが、確かに軍ナンバー3を機関銃でバラバラにするなどはあり得ないと、私も思うのだが…。

（２０１５年５月27日　審査報）

沖縄の人びとへの侮辱だ――

沖縄タイムス社から「政経懇話会で話をしてくれないか」と頼まれたのは、２０１５年３月であった。２００７年にも講演に赴いていたので、気軽に引き受けた。６月30日の講演の前日に沖縄に入り、タイムス社の幹部を含めてさまざまな立場の社員と話ができた。

作家の百田某を講師に呼んだ自民党若手議員の勉強会で暴言の数々があったのは、６月25日である。私は結果的に沖縄の怒りを肌で感じることができた。沖縄タイムス社の幹部に、「保阪さんの前回の講演前には教科書問題、今回はこの問題、何か因縁がありますね」といわれて苦笑する以外になかった。しかし沖縄の怒りを直接に確かめて、私の心中は「人の心をもたないファシストたちの亡霊」が、21世紀に議会内を闊歩しているという悲喜劇へのいら立ちである。

言論弾圧、歴史的無知、沖縄の人びとへの侮辱、さらに安保関連法案はファシズムの呼び水など多面的に批判がくり返されていて、そのことについて私もここではふれない。

私の怒りは、この勉強会に出席した人物たちが、沖縄の人びとの悲しみを公然と侮辱したことだ。6月23日はあの沖縄戦が表面上は玉砕という形で終結した日である。6月は沖縄の人びとにとって、そして私たちにとっても追悼と慰霊の日である。理不尽な形で戦争に巻き込まれ多くの県民の命が失われたのであり、誰もが心静かにその死に哀悼の意をささげている。

その6月に、しかも23日の翌々日に公然とその追悼と慰霊を愚弄している。近年これほどの非人間的行為はあっただろうか。私は政経懇話会でもこの怒りを詳細に語った。老いた経営者が私のもとに来て、ただ一言、「ありがとう」とだけ言った。涙が浮かんでいた。私も辛うじて涙を抑えた。

（2015年7月8日　審査報）

70年談話の杜撰な歴史認識

安倍晋三首相の戦後70年談話について、その内容、意味するところに批判や称賛が入りまじっているが、肝心な点が見逃されているように思う。眼光紙背に徹して談話を読んでいくと、あまりにもひどい歴史的視点が浮かびあがってくる。そのことを指摘していきたい。

第一に日露戦争は「植民地支配のもとにあった、多くのアジアやアフリカの人々を勇気づけました」というのは、日露戦争それ自体が植民地支配をめぐる権益獲得の戦争だったことを無視している。第二に太平洋戦争に至る開戦原因を「経済のブロック化」、つまりABCD包囲網にのみ求めている。これは開戦時の帝国政府声明と同様で、日本の軍事ファシズムの軍国主義体制を具体的に批判しえないでいる。第三に、満州事変、国際連盟脱退は1933年（昭和8年）ごろだが、それからの日本の軍事膨張主義（侵略ということになるが）を「挑戦者」などという語でごまかしたあげくに、「そして70年前。日本は、敗戦しました」と書く無神経さ。

つまり私は、この談話を読んでいて、ひとつひとつの文節があまりにも杜撰な歴史認識で記述されていることに愕然としてしまうのだ。前述の第三までの私の批判は、まだ冒頭の段階であり、さらに中盤、結論に至る部分へと読み進めると独り善がりの歪みが浮かんでくる。ちなみに私は、こうした杜撰、一方的見解、無神経な箇所は十指を超えていると思う。

加えて文節の批判よりも、この首相が用いる安易な表現、たとえば、「深く頭を垂れ、痛惜の念を表すとともに、永劫の、哀悼の誠をささげます」とか「ですから、私たちは、心に留めなければなりません」「多くの女性たちの尊厳や名誉が深く傷つけられた過去を、この胸に刻み続けます」といった幼児化した表現などは自己陶酔そのものである。国民を愚弄しているのか、というのが率直な感想である。

この談話は50年、100年という単位でみれば、この時代の歴史観、倫理観、そして文章観が問われるだろう。私はあらためて武田泰淳の名著『政治家の文章』という書を思い出している。志のある政治家の表現には重みがあると説いている。

（2015年8月26日　審査報）

近ごろの労働組合に思う――

昭和史の史実やその背景を実証的に検証して、それを次世代に託すのが私の役目と考えてきた。政治的に意思表示を行って…とはまったく考えていなかった。ところが安倍晋三政権の集団的自衛権の政策化をはじめ、あまりにも国家主義的な手法に我慢がならず求められるままにその種の会合で首相の政治姿勢を批判してきた。

野党議員を中心とした立憲フォーラムをはじめ、労働組合、市民団体の集会などでも私なりにその不安を述べてきた。さすがに10月（２０１５年）になって疲れがでてきて、今では断る状態になったが、正直にいえば内心ではほっとする感情もある。とくに労働組合の集会（５カ所ほどに出かけた）には腰が引けていたのだが断り切れずに引き受けることが多かったのである。なぜ腰が引けていたか、あえて箇条書きにしておこう。

①「今日は動員をかけましたので…」と幹部の語る言葉のもつ形式主義。

②講演中に「異議なし」などという粗雑で無神経な仲間意識。

③講演終了後に発起人になってくれとかカンパしてほしいと頼みこむ厚顔無恥。

④機関紙（誌）に講演を掲載するのは結構だが平気で本意を間違える無責任。

⑤必ず他の組合を紹介するのだが、勝手に彼らの人脈に組みこむ便宜主義。

むろんすべてとはいわないが、私の印象では大手の組合にはこういう退廃が見てとれる。もっとも驚いたのは一方的に私をその組合の講師に仕立てあげ、大阪に行ってくれないか、そのあと仙台に行ってくれと頼んできたことだ。彼らといちど関わりをもつとすぐに仲間だとなるのだろうか、あるいは何でも聞いてくれると思いこむのだろうか。

ある組合では支持政党を聞かれて、私はつい「なんでそんなこと答えなければならないのか」とどなってしまった。あしき政治主義には愛想が尽きるが、真に現状を憂う組合員に出会ったことも付記しておきたい。

（2015年10月21日　審査報）

放送人の苦衷

「放送人も窮屈な時代に生きているんだなあ」と実感させられた。民間放送連盟の「第19回報道研修会」（2015年11月12、13日）で基調講演を行い、合わせてシンポジウムに出席しての率直な感想である。

総合タイトルは、「報道の自由と責任　戦後70年民放ジャーナリズムの課題」というのであったが、私は、歴史解釈が同時代史から歴史に変わっていくだろうとの実例をあげての見解と、テレビの特性（可視、具象、感性）のみを追求することの危険性を論じた。安倍晋三首相の政治姿勢や戦後70年談話なども問題ありというのが私の立場だが、その点も率直に語らせてもらった。基調講演のあと、若い放送人から「局内の会議で30代、40代で戦後70年をどう考えるかを論じていても、まったく空回りをしているんです」と聞かされ、60代、70代の意見を聞く必要性をあらためて感じたとも言われ、老壮青の話し合いの重要性も実感した。

シンポジウムでは、TBSの報道幹部S氏が司会役となり、具体的な問題で討議が行われたが、安倍首相のテレビ出演が読売、産経系であることが話題になった。読売テレビの解説委員長、フジテレビの報道局次長が、私たちは利用されているわけではない、国民が知らなければいけないことを確かめる質問をしていると、それぞれの現場の様子を踏まえて答えていた。ありていにいえば、その論理は私には弁解気味に聞こえた。

TBSやテレビ朝日のほうが、この問題では、はるかにメディアとして筋が通っていると思えた。

4時間余にわたりこの研修会に出席しての感想は、パネリストの琉球放送の報道デスクが語る沖縄報道のさまざまな苦衷、そして質問者として札幌テレビの報道記者の自衛隊報道のあり方を問う内容に、事態に前向きに対峙する30代の放送人の真摯さを感じた。それが救いであった。

（2015年11月26日　審査報）

二・二六事件から80年

私の2016年の初仕事は、岡山に赴いてのノートルダム清心学園理事長の渡辺和子氏との対談であった。渡辺氏は『幸せはあなたの心が決める』『置かれた場所で咲きなさい』などのベストセラーで名を知られているが、私にとってはそうではない。1936年（昭和11年）の二・二六事件で、青年将校により殺害された陸軍の教育総監・渡辺錠太郎の遺児であり、その現場を目撃した生き証人である。

その二・二六事件から80年ということであり、ある月刊誌が対談の場を設定してくれたのである。

渡辺氏はこの対談時は89歳だった。これまでもそのつらい体験を語ってはいたが、今回あらためて驚いたのは9歳の少女が殺害の一部始終を目撃していたがゆえに、その記憶と闘っての人生だったと確認できたことだ。赦す、とはどういうことか、私たちはその言葉の意味を語りあったのだが、渡辺氏は宗教の力を借りつつ、直接に手を下した青年将校に対しての憎悪の感情は薄れたと言う。その分だけ、皇道派の重鎮である真崎甚三郎や荒木貞夫らには怒りの感情があるとも語っていた。青年将校の陰にいて、彼らをたきつけた将軍たちは許さないという意味になるであろう。

渡辺氏は錠太郎が第七師団の師団長として旭川に赴任中に、この地で生まれた。2歳で旭川を離れているが、事件には村中孝次らこの師団に関わりを持つ青年将校や中堅将校もからんでいる。とくに師団長時代に参謀長として錠太郎に仕えた斎藤瀏が事件に関わっていたとして、免官になる経緯について話し合っているときには、渡辺氏も困惑の表情を浮かべていたのが印象的だった。

岡山から戻った翌日、私はその年初めての講演を東京で行った。終わったあとに聴衆の一人が近づいてきた。顔見知りの鈴木貫太郎元首相の孫である鈴木道子氏であった。貫太郎も二・二六事件の折りには青年将校に襲撃され重傷を負っている。道子氏の老いた表情を見ながら、ああ今年は二・二六事件を整理、総括する年だなと実感したのである。

（2016年1月14日　審査報）

戦後民主主義への挑戦――

安倍晋三内閣になって、集団的自衛権や安保関連法など防衛問題に関していささか旧体制回帰の感がするのだが、実はこのほかにも戦後民主主義体制への挑戦が目立っているようなのだ。

過日、神道関係団体の有力者に会って雑談を交わしていたら、気になる話を聞かされた。ある宗教団体は、その非社会的体質について一時期さまざまなうわさが飛んだが、それゆえかこの団体は組織名を変えたいと望んでいたという。歴代内閣はそれを認めないとの立場だった。ところが第2次安倍内閣の誕生からまもなくこの団体は名称を変えることが許可になったというのだ。

この有力者は首をひねっていたが、メディアが詳しく報じないのはなぜと漏らしてもいた。

もうひとつ指摘するが、ある元官僚から直接聞いた話なのだが、小学校は2018年度から、中学校は2019年度から検定教科書を導入して「道徳科」を実行する予定になっている。文科省の教育課程課の「道徳教育の抜本的改善・充実」によると教育再生実行会議の提言・中央教育審議会の答申を踏まえて学習指導要領の一部改正が行われる。その「具体的なポイント」に4点があげられ、そこに検定教科書の導入がある。さらに「数値評価ではなく、児童生徒の道徳性に係る成長の様子を把握」という項目がある。

問題はこの「数値評価」にある。表向きは数値評価をしないとはいうのだが、昨今の動きはむしろその方向にいく危険性があるという。愛国心が点数化されるのだ。加えてそれが中学や高校の入試の参考にされるのではないかと教育界でも懸念されているというのである。

「どう思いますか」と問われた。私は1937年（昭和12年）に文部省が発した『国体の本義』（皇国史観のもと神格化した天皇の国家を説く）が高等小学校や旧制中学で強制的に教科となり、やがて入試にもとりいれられたケースを思い浮かべると答えた。この内閣の怖さを私たちは自覚しておく必要がある。歴代の保守党内閣とはあまりにも異なっている。

（2016年月2月24日　審査報）

秘密法の不気味さ――

ある企業（どの業界かは伏せるが）の役員氏から不気味な話を聞いた。その企業で今春（2016年）に中途入社の社員を何人か募集したそうだが、その中に経歴や経験が豊かな自衛隊関係者がいたそうだ。自衛隊や防衛省にいれば相応のポストに就く人物であろうに、なぜと首をひねった。

ただしてみると、特定秘密保護法にもとづいて機密を扱うセクションに関わっているので、身辺調査を行われたらしく、自分はそれに引っかかり「適性」に疑問ありと判断されたと言うのである。といって退職する必要はないにせよ、そのような判断が下された以上、組織にいても常に警戒される身になり、将来はないと判断しての転職だったらしい。

適性に疑問ありとの判断のひとつは父親が青年期に学生運動をしていたことだったそうだ。全共闘世代であれば多少の差はあれ、学生運動に関わった者は少なくないだろう。それが判断材料に使われたとするなら、本人としては納得できない気持ちになることも十分にうなずける。

この話を聞きながら、私は「とうとう日本も出身成分（身分・階層）が問われる時代になったのか」との不快感を拭いされなかった。かつての中国、現在の北朝鮮などでは、父親や祖父がどのような階層の出身かが重要な意味をもつ。社会主義建設前に、父親がいわゆるブルジョアジーの出身なら本人はどれほど優秀でも決してその実力が評価されることはない。農民、労働者出身でなんらかの形で社会主義建設に尽力したと判断されたら、それこそ特権階級に組みこまれていく。

特定秘密保護法の運用はもともと公務員のプライバシー侵害、あるいは差別につながるとの声もあった。実際に2015年12月には外務省、防衛省の職員が評価拒否の動きを表面化させている。出身成分を問うがごときの調査は、この国の中枢がファシズムの音頭取りを始めたということではないか。嫌な時代である。

（2016年4月6日　審査報）

都市による歴史認識の違い――

文化センター、市民講座などに定期的に講演に赴いている。朝日カルチャーセンター・新宿は月に2回、もう17年（2016年時点）も続いている。このセンターの大阪・中之島は年に4回、横浜は年に6回。名古屋の中日文化センターは月に1回で年に12回、そして道新文化センターは年に2回（4日間）と、はからずも東京、大阪、横浜、名古屋、札幌の大都市の人びとの歴史認識を確かめることができる。

私の演題はいずれも近代日本史（とくに昭和史）なので、全体に高齢者が多いのが特徴だった。ところが昨年あたりから若い世代や30代、40代の主婦が目につくようになった。

安倍晋三首相の政治姿勢やその言動に不安を覚えているからであろう。今年の初めには講演が終わったあと、「今、子供は小学生ですが、この子が青年になったら徴兵制ということはないですよね」と30代の主婦に不安げに尋ねられた。こういう質問は、名古屋に多い。各会場の質問を聞いていてわかったことだが、全体に東京は「知的」、大阪は「情的」、横浜は「静的」、名古屋は「本音」、札幌は「素朴」な感じがする。もとより質問の内容、用いる言語を通じての判断である。

私はいずれの会場でも、事前に二つの質問には答えないのでとくぎをさす。その一は、「天皇に戦争責任はあると思いますか」といった質問。「あるに決まっている。ないということは天皇を愚弄していることだ。問題はどのような責任で、いかに責任をとるべきかといった質問なら答える」と応じる。その二は、「ある日、突然敵が攻めてきたらどうするのか」。平時から戦時に至るには10段階余のプロセスがあり、それはいずれも「政治が失敗した結果」で、突然などありえない。初歩的な質問はしないでほしいと、私は怒る。こうした私の言に、五つの都市はそれぞれの感覚で反応する。

素直にうなずく札幌の受講者が、私は好きなのである。

（2016年5月25日　審査報）

退位の私的騒動記

これは社会学的な一考察という意味で書くのだが、2016年7月13日午後7時にNHKニュースが「天皇が生前退位の意向をもたれている」と報じたあとの、私の周辺での動きである。この時間、私は早朝から原稿を書き続けていたので、その疲れがあり都内の仕事場で仮眠をとっていた。午後6時ごろから8時ごろまで携帯電話には出ていない。

その8時ごろに携帯に出ると、NHKの社会部記者である。何某と名のったあとに「7時のニュースの件ですが」と言い、これからカメラマンと撮影に行きたいと言う。それ何のこと？ ニュースなんか見ていない、取材には応じられないとぶっきらぼうに電話を切った。

私の都内の仕事場にはテレビや固定電話はない。何があったのか、知り合いの編集者に確かめるべく、携帯をとると留守電が多すぎる。午後6時50分を皮切りに、7時台は7、11、14、14、24、26、31、38、40、44、47、53、59分と続く。そして8時台になるのだが、この時間帯は出たり出なかったりで、それでも休みなしに電話はかかってくる。シャワージャーナリズムという語があるが、意味は異なるとはいえ、私にとってはまさにシャワージャーナリズム状態であった。

このニュース報道に私は懐疑的である。日曜日の参院選、月曜日の改憲派3分の2勢力確保、そして天皇の発言、そこに「政治」が顔を出しているようにも見える。この種の発言は、天皇自身が以前から側近に漏らしていると聞いていたので、天皇が急に病の状態になったのかと思った。とにかくテレビ局はお断り、新聞社とだけ、私はつきあうことにした。

ちなみに午後7時7分、最初の電話は、北海道新聞のB記者だった。「私で役立つなら、いつでも電話してかまわない」と日頃から言っている。丁寧な取材を信用しているのだが、こういう〝事件〟では、各社のそういう限られた記者とだけ接することになる。

（2016年7月27日　審査報）

漱石の人間観察学を読む――

今年（2016年）は夏目漱石の没後百年にあたる。といっても今さら漱石文学が新たな目で見直されるとか、再評価されるといったことはありえない。ただ改めて漱石の書き残した日記、随筆、「断片」と称する小文を読むと、漱石の人間性がより詳しくわかり興味深い。

1928年（昭和3年）から1929年（昭和4年）に刊行された『漱石全集』（全20巻）には、漱石の原稿すべてが収められている。必要があって、今年は小説以外のそういう小文を読みつづけた。明治30年代から大正初めの知識人の社会を見つめる目には、大衆の生活内容を正確に残そうと考えていたことが窺える。たとえば1915年（大正4年）ごろの「断片」には、「書物を送ると其返事。善良なる人、利口な人、同じ結果、返事をすぐよこす。多忙の人、無頓着の人、無礼な人、病気其他の事故ある人、返事をよこさず」とある。自著を送ったときにどのような態度をとるのか、漱石は人間観察判断の一助にしていたのである。「自覚なきものは度し易し。自覚あるものは度しがたし」と書いて、癖を持つ者に注意すると、すぐにそうかと肯く者は度し易しというわけだが、「自分が自覚して善もしくは美と信じたる事は到底人の勧告に応じて其否を肯はず」とあり、善や美に自らの尺度をもつ者は、どれほど否定的なことを言っても動じないと書いている。

それ故にということだろうが、「だから人を啓発するといふ事は、先方で一歩足を此方の領分へ踏み込んだ時に手を出して援ける時に限る」と結論づける。文学の師として漱石を慕う者は多かった。自らのもとに出入りする門弟を見ながら、いかに助言や忠告を与えると効果的なのかを考えていたのである。

こうした一文を読んでいくと漱石はつまりは人間学の大家だといってもいい。その点で漱石像を皮肉と優しさが交じりあっている新たな視点で現代に浮かびあがらせる、そんな役を果たしてみたいと私は考えているのである。

（2016年9月14日　審査報）

変容する出版界の今――

この40年近く、出版界と深い関わりをもちながらの生活を続けてきた。たまたまこの10年余は、通信社で書評を書き、新聞社で書評委員を務めた。その体験から言うのだが、出版界には二つの特徴が顕著になっている。

その第一は、紙媒体の衰退を如実に示していて、どの社も対前年比の売り上げが減少している。定年間際の社員が、「出版が景気の良い時代に生きてきました。若い社員はかわいそうですよ」と一様に口にする。あまり大きな声で言えないのだが、どの社も給与ベースは大幅にダウンしつつある。老舗といわれる学術関係の出版社は、希望退職を募るも希望者がなく、第2次、第3次を続けていると聞く。

第二は出版点数がしだいに少なくなり、出版内容も重厚長大の千ページ近い書が刊行される半面、千円台のソフトカバーや新書など価格を抑えた書がふえるなど二極分化している。かつて新書や文庫も初版が3万部近くという時代があったが、今は1万部台にと減っているし、ときには9千部のときもある。文筆業者が総体的に収入減の状態になっている。月に2回、ある新聞社の書評委員として書評委員会に出席しているのだが、4、5年前までは150冊余の書評対象本が机に並んでいて、そこから興味のある本を選ぶ楽しみがあった。しかし今、100冊に満たない書が並ぶ時代である。寂しさは否めない。それでも1冊1冊手にとりながら、著者、編集者の息吹を感じてのうれしさも味わっている。

負のサイクルに入っている出版界、とはいっても各社に入社してくる社員は総体的にレベルが高い。真面目、読書好き、そして知的好奇心にあふれている。「紙媒体がなくなることは決してありません」と私の担当の若い編集者は意気ごみ、出版の新しい方向（外国市場の開拓、流通網の整備、企画の多様化など）を模索している。その姿に心休まる思いがするのである。

（２０１６年11月2日　審査報）

真珠湾で問われる首相演説――

真珠湾奇襲攻撃から数えて今年（２０１６年）は75年である。すでにこの史実は〈同時代史〉から〈歴史〉に移行しているといっていいだろうが、それを象徴するように、安倍晋三首相はこの12月26、27日に真珠湾を訪問し、この地で亡くなった犠牲者を追悼、慰霊を行うと発表した。オバマ米大統領が広島を訪れたことへの返礼の意味もあるということだろう。

この慰霊は、安倍首相にとってチャンスとピンチの裏腹の関係がある。チャンスというのは、広島でのスピーチでは、「人類は」という主語を用いて核廃絶への取り組みを訴えたオバマ大統領のほうがはるかにすぐれていたが、安倍首相はそれをとり返す機会だとの意味である。ピンチとは、ここでまたオバマ大統領のスピーチに比べてあまりにも見劣りするなら、この首相は哲理をもたない指導者とのレッテルを貼られて、まともに相手にされなくなる恐れがある。なにしろ安倍首相のスピーチは、常にこの地に立って改めて惨禍が起きないように誓うといった通り一遍の内容しか語っていないからである。

本来なら広島でのスピーチでも、オバマ大統領の哲理を含んだ内容を聞いた瞬間に用意したスピーチ原稿をはなれて、内容の濃いアピールを世界に発信することは可能であった。しかし安倍首相はそういう態度を示さなかった。今回はオバマ大統領より先にスピーチを行うわけだから、大向こうをうならせる内容を披歴することができるはずである。

真珠湾奇襲攻撃の最大の問題点は何か。〈歴史〉の上で問われ続けていることは何か、それを初めに打ちだして哲理を述べるのだ。私は日本陸海軍が〈文民支配〉を無視して軍事が政治を抑えつけたことはもっとも重要だと思うが、それを導入部に使いながら、政治が軍事をコントロールする〈文民支配〉の歴史的重みを切々と訴えるべきではないか。

（2016年12月14日　審査報）

政権寄りで進む退位論

今上陛下の退位をめぐる問題の協議を続けてきた有識者会議（正確には、「天皇の公務の負担軽減等に関する有識者会議」）が、2017年1月下旬にこれまでの論点整理の報告書をまとめた。6人の有識者会議のメンバーによる討論、さらには16人のヒアリングメンバーの意見などをまとめたのだが、一言でいえば、開いた口がふさがらないといった代物である。ここまで政権にゴマをするのか、といいたくなる。

現実には①皇室典範の改正②皇室典範の改正前提の特例法③特例法④法的変更せず公務削減の4案が考えられるが、政府は③、有識者会議は①と③を並べ、①が問題点が多いとして③を推すという形だ。私がヒアリングで述べたのは①だが、これが無理なら②という流れだ。ところが各紙の社会部記者が書く記事では、①を軸にしてくれるのだが、官邸詰め記者は③に組みこんでいる。ある社では、社会部記者が私の真意を確かめて、政治部に文句を言ったら、我々は特例法に賛成か反対かしか関心がないとはねつけられたという。ある社はこの種の記事は社会部には書かせない状態にあるという。

メディア自体も官邸ベースということだろう。あえてもうひとつつけ加えておくが、頑迷な保守派のヒアリング出席者（複数）は、ひどい無礼で傲岸な言を吐いたという。これは断言できないにせよ、これらの人物は安倍首相が強引に押しこんだといわれているが、ヒアリングの会場には関係官庁の官僚も多数出席しているし、その不遜な態度は誰もが眉をしかめたと漏れてきている。

大体この種のタイプは、④を主張するのだが、天皇は何もしなくていい、じっとしているべきといった論を吐くことで共通している。つまり天皇を「人間」として認めていないともいえる。天皇のビデオメッセージをよけいなことと考えているのだろう。国民世論は何としても①で突き進んで、天皇の「人間宣言」を認めるべきだと思う。

（２０１７年２月８日　審査報）

国鉄解体は昭和の解体だった

幾つかの勉強会の会員になっている。勉強会といえば聞こえはいいが、単なる雑談の会、知識・情報の交換会、あるいはとくに目的もなく1カ月に1度会って世相を嘆く会とその性格はさまざまである。しかし信頼できる仲間との放談はそれ自体、精神上の健康の源である。

カホゴの会という会をもっている。ノンフィクション作家仲間になるのだが、鎌田慧氏、後藤正治氏、そして事務局長役は北岡和義氏だ。北岡氏はジャーナリストで、１９７０年代には横路孝弘氏の秘書を務めた体験をもつ。その後、ロサンゼルスで25年余、テレビキャスターなどを体験している。日本に帰ってきたのは10年ほど前、われわれの良きまとめ役だ。鎌田、保阪、後藤の最初の字をとり、カホゴの会というのだが、毎回2、3人のゲストを呼んで放談する。

過日の会で、牧久氏を招いた。元日経の副社長でサイゴン陥落時の同支局長、社会部長などを経て、現在は精力的にノンフィクション作品を発表している。牧氏を招いたのは、国鉄が解体していくプロセスを多面的な取材でみごとに整理した書を著したからだ。牧氏によると、日本の保守政治や財界は、戦後のある時期から一貫して「国鉄つぶし（国労つぶし）」を画策していたという。

昭和50年代の中曽根内閣の行財政改革はその総仕上げだったが、国労、動労、鉄労などがどう動いたか、そのあたりを多くの証言とのこされた史料で徹底的に裏づけた。この書のタイトルは『昭和解体』というのだが、なぜ『国鉄解体』にしなかったのかとの私たちの問いに、牧氏はあっさり答えた。

「国鉄つぶしイコール国労つぶしでもあったのだが、その根は昭和20年代から始まっている。つまりそれは戦後の昭和を解体する動きだった」との言を聞き、下山事件（1949年）が不意に思いだされてきた。歴史の因と果を理解するには、一定の時間が必要ということだろう。

（2017年3月23日　審査報）

王室と国民の紐帯は「主権在民」――

過日、英国の「エコノミスト」から取材を受けた。日本の右派勢力の膨張について、あるいは天皇の退位で、どのような見解をもっているかというのであった。微妙な問題を含むというので練達な同時通訳（女性）がついた。

ひととおりの取材が終わったあとに、私の方から話が聞きたいと申し出て、二、三のやりとりを行った。私の質問は英国の国民は君主制にいかなる考えをもっているか、王室と国民の紐帯は何かという点にあった。50代のいかにも知識人といった印象を与えるジャーナリストは、実に簡単に「王室と国民の結びつきは主権在民という点にあります」と答える。「えっ、主権在民の確認ですか」と私は通訳に確かめたほどだ。

彼の言わんとすることをまとめると、以下のようになった。

へご存じのようにわが国では、そういったことは成文化しているわけではないので、相互にどのような共通の理解があるのかという見方を採るべきです。王室は主権在民を確認することで、私たちは存在すると理解しているし、国民の側も主権在民が円滑にいっていることを王室を見ることで納得しているのです。主権在民が崩れたら英国の君主制は崩壊するでしょうね。〉

いかにも英国人らしい複雑な言い方だと思ったが、要は王室は「主権在民」であるがゆえに存在するのであり、王室もそのことを忘れてはならない、国民は王室の姿は自分たちの権利が守られていると目に見える形で理解しているというのであろう。この言に私はとまどい、彼の説明も初めはなかなか理解できなかった。しかし20世紀から21世紀への君主制の存在はこうした点に辿りついたのが英国人の知恵なのかもしれない。

今上天皇と国民の関係を考えるとき、この教訓は貴重な意味をもつと、今、私は考えているのである。

（２０１７年５月17日　審査報）

タカタの思い出

エアバッグのタカタが2017年6月、東京地裁に民事再生法の適用を申請し、受理された。1兆円を超える負債総額、製造業としては戦後最大という。このニュースは、6月27日の各紙朝刊に大きく報じられた。私は経済に強いわけでもなく、タカタの倒産が日本の企業にどのような影響を与えるのか、分析は出来ないが、それでも戦後最大の大型倒産と聞いて、私自身の青春時代の一こまを思い出した。

1963年に、私は大学を卒業したのだが、一応は大学院に進むつもりでいた。しかしほとんど毎日、英書を読み続ける日々には耐えられないと、この年の秋に電通PRセンター(現電通パブリックリレーションズ)という企業を受け入社することになった。広告に加えてPRの時代というので、新たに電通が設立した会社だった。パブリシティの意味を知るために英書を読まされたり、論文を書かされたり、とにかく勉強はさせられた。教育訓練のあと媒体局に回された。そこで企業ニュースの分析・発信などを行ったが、ほとんどは大手企業なのに滋賀県彦根市にある高田工場という町工場のようなスポンサーがあり、なぜこんな中小企業の広告やPRを引き受けるのだろうと不思議であった。

同期入社のひとりがこのスポンサーの営業チームに配属され、その後、その会社に転職したと聞いた。その理由は、この会社がシートベルトやエアバッグを製造する独自の技術を持っていて将来大企業になりうるとの判断からだ。自動車社会の到来、自動車にシートベルトをつけるという法的規制の下、国際的な企業になると目を輝かせていたそうだ。

私は広告やPRは肌に合わないので3年ほどでこの会社を辞めた。

その後、タカタがあの町工場の高田工場か、という驚きを私はひそかに持ち続けていた。それが一気に世界的企業になり、そしてこんどは経営危機という事態になる。二十四、五歳の私は、高田工場がシートベルトを普及させ、やがて交通事故死ゼロ社会を実現させるとの記事を書いた。今、複雑な気持ちで思いだすのだ。同時にある企業の「運命」に思いが至る。

（2017年7月5日　審査報）

NHKの変身――

2017年8月15日前後のNHKによる戦争関連のドキュメントはまさに秀作ぞろい

だった。「731部隊の真実」「戦慄の記録　インパール」「なぜ日本は焼き尽くされたのか」「戦争中の庶民の記録」、そして「樺太地上戦　終戦後7日間の悲劇」、ラジオでは「太平洋戦争への道」など戦後72年を経たのにいまだこのような史料が残っていたのか、こういう解釈も出来るのか、と考えさせられるテーマがめじろ押しだった。

私も30代後半から40代のディレクターの相談に乗ったり、求められるままにコメントを出したりもした。4月、5月から相談に乗る中で、ディレクターたちの意気込みが例年とは違うなと感じた。特に札幌局のディレクターたちが中心になって製作した「樺太地上戦」では、ロシア側が残した史料や樺太関連の書籍を読みこなし、生存者を丹念にたどって、その証言をフィルムに納めた動きには驚かされた。私への質問も専門的で、戦後の樺太戦に関わる書籍の問題点もすぐに指摘できるほどになっていた。前述の731部隊、インパール作戦のあきれるほどずさんな戦争指導ぶりなどの指摘はまさにその通り。「今年のNHKはちょっと違うぞ」と、マスメディアの間ではだれもが気付いたはずだった。

私はあらためて「NHKを見直しましたよ」とすでに定年退職しているかつてのディレクターや記者職の人たちに尋ねてみた。「現場の連中ははつらつとしていたでしょ」と彼らも認めていた。NHKのトップが変わったからですかとの私の問いに「そう思ってまちがいないですよ」との答えが返ってくる。トップの人事が入れ替わるだけでこんなに違うとの答えに、私はうれしく思った反面、中間管理職の難しさにも同情した。

若いディレクターたちの才能が花開くのはそれ自体結構。信頼できぬ最高トップがいかに製作現場をゆがめていたか、それもうかがえるのである。

（２０１７年８月30日　審査報）

醜態選挙――――――

２０１７年10月の総選挙は議会史上もっともあきれ返る醜態選挙ではないか。第一に安倍晋三首相が国会にあって諸問題に何らの意思表示もしない無責任選挙、第二に民進党の解党にゆきつくまでの自己崩壊選挙、第三に極右と右翼の野合勢力に対抗軸をもたない準ファシズム選挙などなど数え上げていけばあまりにも多くの不真面目さが浮き彫りになる。

安倍首相は全ての問題に一切の説明責任を放棄する独裁者である。記者たちに問われて国民に向けての遊説で説明するとの考えを述べたと聞く。選挙演説と国会答弁とを同一視して考える感覚にはあぜんとさせられる。さらに北朝鮮に圧力をかけるというだけで対話の窓口を示そうとの考えもない。この首相は戦争という状態を想定しているのではないか。トランプ米大統領と歩調をそろえることがどれほど危険か、わかろうとしないのだ。ある外交官OBが、核戦争は起こりうる、北朝鮮もアメリカの一撃を待っていて、そうすれば「侵略に対して戦う」との大義ができ、日本の米軍基地をたたく理由もできると真顔で案じていた。

火遊び外交で今回の選挙を乗り切ろうというわけだ。行く先々でこの首相は北朝鮮の恐怖をあおり、国論の統一を狙っている。小池百合子・希望の党代表は安倍首相と同じ程度にタカ派である。加えて民進党のリベラル派を受け入れることなどは、「さらさらない」と侮辱した。こうした用語を使う人物にすり寄る民進党は、有権者の前であなどられ、ばかにされているという光景を演じて自滅していった。間接的に安倍首相を支えるという愚行を演じたのではないか。

今の日本は、かつての保守・革新といった対立からみれば、極右・右翼・保守、リベラル、共産系の勢力から成り立っている。私は安倍首相を歴史修正主義者とみて極右と判断するが、小池氏という右翼女性がその対抗軸というのだから、まさに醜態選挙という以外にない。

（２０１７年10月12日　審査報）

対談で見えてくる人生――

２０１７年11月上旬の１週間で３人の作家と対談を行った。正月用の企画も含めてだが、今年をふり返って何を思うか、あるいは今はどんな時代なのだろうか、といったところがテーマである。

３氏とは鎌田慧氏、林真理子氏、赤坂真理氏。鎌田氏、赤坂氏とは何度も会っているし、自由に話ができる。林氏とは初めての対談だったが、対談に慣れているなとの感を受けた。「慣れている」の意味は、限られたページの中であるテーマを狭く深く論じてもそれが全て収められるわけではない以上、広く浅く、そして読者に喜ばれるような内容の話にうまく持っていく。なるほど巧みだな、との感を受けた。

赤坂氏は逆で、一言一言を実に大切に話をする。例えば安倍首相の「美しい国」という政治家の言葉を、私などは政治を形容詞で語るお粗末さを嘆く。しかし赤坂氏は「美しい」

が文学的表現だからダメなのではなく、「文学としてダメだからダメ」と断言する。文学は「美しい」という語を使わずに美しいを伝えられなければならないというのだ。この女性作家の感覚は今の日本社会に欠けている心理状況をみごとなまでにえぐっている。それに気づいて驚かされるのだ。

鎌田氏とは40年来の顔見知りだが、胸襟を開いて会話するようになったのはこの5年ほど前からだ。私と同年代でノンフィクション作品を今なお書き続けているのは、鎌田氏や立花隆氏ら、もうわずかである。鎌田氏は社会的に虐げられている人や解雇におびえる労働者などの徹底した味方で、この方面の事情にはうとい私も、鎌田氏によって多くのことを教えられた。現代社会でもっとも必要とされるライターである。

今年は私はよく対談を行った。老いてからなぜと問われるたびに、埴谷雄高と大岡昇平の晩年の対談『二つの同時代史』(岩波書店)を挙げ「老いてこそ見えてくるわが人生」とつぶやくのである。そういう言葉を私も口にしてみたいのだ。

(2017年11月22日　審査報)

明治維新150年――

今年(2018年)で明治維新から150年を迎える。さまざまな儀式や行事が各地で行われるであろう。妙に復古的な空気がかもしだされて、後ろ向きの歴史観が前面にでてくるのはごめん蒙りたいのだが、しかしその懸念がまったくあたっていないわけではない。

というのは、安倍政権は2016年10月から、明治150年の記念事業推進の連絡会議をつくり、「明治以降の歩みを次世代に残す」(菅義偉官房長官)との動きを示しているからだ。当時防衛大臣であった稲田朋美氏は、「明治維新の精神を取り戻すべくがんばりたい」と「明治の日」制定に熱心だとされていた。こうした動きが土台になって、内々にいろいろな具体案が練られているように思う。しかし明治150年で見直すべきはそんな一面的でいいのだろうか。

最近の売れゆきの良い歴史書を見ると、薩長史観の近代史だけでいいのか、といった視点の書が上位に並んでいる。むろんなかにはキワモノ扱いしたくなる史書とは言えない書もあるのだが、しかし明治維新時に賊軍とされた側からの書や長州閥主体の歴史観への反論の書のなかには、近現代史にふくらみを与える好著も含まれている。

これは陰謀史観とは一線を画して言うのだが、明治50年、100年、そして150年はいずれの節目でも長州出身者やその家系の者が政治責任者である。寺内正毅、佐藤栄作、そして安倍晋三首相。これでは今から百年後の史家に明治維新は長州が主体になって起こし、そしてその後の150年も長州が牛耳っていたといわれかねない。太平洋戦争を起こしたのは維新時の官軍人脈、あるいはそれに育てられた人物、しかしその無謀な戦争を止める中心になったのは鈴木貫太郎、米内光政ら賊軍の側だったと官軍嫌いの作家半藤一利氏は説くのだが、実は私も同感なのである。

明治150年は体制に抵抗した側に寄りそっての史観も提示したい、と私は思っている。

（2018年1月17日　審査報）

西部さんの想い――

西部邁さんが2018年1月に自決してから1カ月余が過ぎた。この間、私は北海道新聞を始め2、3のメディアでこの死について書き、そして取材にも応じた。胸中では私の想いはなかなか伝わらないだろうなと感じつつの対応であった。

西部邁という人物を等身大で語るのは非常に難しい。なぜなら彼は、明らかに時代の枠組みの中で、「演技」をしていたからだ。あえていえば、13歳の時に知り合い、お互い78歳（彼は早生まれで私より1学年上になる）までの間、その間青年期の15年余は疎遠だったにせよ60年余の交友を続けてきた。政治的、思想的立場は異なるのでそれぞれの友人はさほど重なっていない。それだけに二人での会話は、世間話であったり、どのように生きるか、お互いの肉親を案じるといった内容になった。

二人が古希を迎えたころ、余人を交えず6時間近く酒食を共にして話し合ったことがある。「保阪君、なんでそんなに戦後民主主義を信じるのか」「だって軍国主義体制よりはるかにいいと思うから」「あんな体制よりはどの体制もましさ。でも日本人の性格はあの戦争によくあらわれている以上、なにかいい所もさがしてあげなければ」「その点は同感です」という会話がきっかけで議論を深めたことが私には印象に残っている。

西部さんは三つの想いをもって自らを殺めたと私は思っている。①近代主義の頂上に立ったときの虚無感（東京大学教授辞任時の心境）②戦後左翼への不信感（保守論客の立場）③戦後社会における共同体喪失の寂寥感（人間関係づくりの潔癖さ）。私は彼を右翼とか左翼と思っていない。現実へのいら立ちと怒りがときに極論として口をついて出たのである。

西部さんよ、私はあなたの胸中がわかる。あなたが真夜中に多摩川岸でロープで体を縛り、そして一人で入水してこの世と別れるとき、最後に想ったのは何だったか、共同体への回帰だったのではないか、それを推測すると私は涙がとまらない。

（2018年2月28日　審査報）

第4章
歴史の節目で考える

函館の五稜郭タワーを訪れ、箱館戦争に思いをはせる＝2018年4月1日

２０１８年は北海道命名から１５０年目。「明治１５０年　北海道に住む人びとはどう変わったか」をテーマに行われた講演を採録しました。また、箱館戦争跡地を訪れて北海道新聞に寄稿したエッセー「箱館戦争跡を歩く」を収めました。

明治150年　北海道に住む人びとはどう変わったか――

一　歴史の「もし」

今回の講演の演題は「北海道に住む人びとはどう変わったか」ですが、この中で新しい提言を試み、議論の土台にしたいと思います。主要なテーマは二つです。まず一つは、歴史には実際の歴史を作ってきた可視の部分と、不可視の部分、「もし」があるということです。もし違う選択をしたらどうなっていたか、可視と不可視の両方で近代150年を考えてみることが必要です。もう一つは北海道の特異性を確認することです。全国の中で北海道はどう位置づけられてきたのか。その特殊性、あるいは強みが発揮されているか、明治150年はそれを検証する機会でもあります。

初めに不可視の部分、「もし」について話を進めますが、幕末から明治維新の折に、国家像の選択は四つあったというのが私の考えです。一つは帝国主義的な国家です。イギリス、フランス、オランダ、スペインなどヨーロッパの先進的帝国主義国家と伍して国際社会へ出ていくことを目指します。私がここで言う帝国主義とは、レーニンの説く帝国主義論ではなく、ブリタニカ百科事典やフランスの事典ラルースなどが定義している、弱小の国々を軍事的に支配し、資源を収奪し、文化を解体、人権を抑圧する状態を指すのです。

二つめは帝国主義体制ではあるが、200年、300年の歴史の中で変化した体制を範にするのです。初めは植民地を軍事力で抑え込みますが、イギリスで言えばインドから優秀な人を連れてきて大学で教育し、やがて彼らがインドでイギリスの政策を代行するようになります。一種の共有という形の価値観を持つように変化していくわけです。帝国主義の道を歩いていくにせよ、自国エゴイズムを超えていくのです。いわば道義を国家体制の軸にするのです。

三つめは自由民権運動を中心とした国家です。運動の理論的指導者の一人でもある植木枝盛の私擬憲法などを見ると、先達はこれほど先見性を持っていたのかと思うほどです。こうした運動は豪農、小作、商人など各層の生存権や参政権要求などと合体しながら全国に広がっていきます。この自由民権運動を中心とする国家をつくる可能性もありました。もし、自由民権運動を中心とする国家が出来上がったとすれば、北海道という新天地で新しい国家像を作る、そのモデルケースになりえたと思います。

そして四つめです。江戸時代を見直すのです。この時代は、幕府と各藩の関係は中央集権国家ではなく、アメリカのワシントンと各州と同じような連邦制国家だったのではないかと考えてみます。すべての藩というわけではなく、30から40の大きな藩が州という形を採り、アメリカ的な連邦制国家を目指す国づくりがあってもよかった。北海道を歴史的に捉えるのに重要なのは、四つめの明治の連邦制国家なのです。この道を選択していたら、北海道は画期的、そして独自の空間になったのではないでしょうか。

この四つの選択肢があったと仮定しますが、結局、日本は第一の帝国主義的国家の道を歩みました。第二、第三、第四は選択されてはいませんが、しかし、歴史の中の地下水脈として流れていると感じることができます。つまり、帝国主義的国家を営みながら、歴史の潮流には三つの国家像が折に触れて地下水脈のように噴出してきたという史実があるかと思います。たとえば第二の選択になるのですが、1900年から10年余の期間を経て成就された辛亥革命を分析すると、孫文に協力した日本人の志士たちの心理にこの道義が見て取れます。さらに大正時代の大川周明らの国家改造運動の理論面にその道義も散見できます。しかし、昭和にそのような道義が消えていったのはなぜかという問題があります。

また、自由民権思想は歴史の底流にずっと流れています。ただ、戦後民主主義はアメリカン・デモクラシーが範ですから、結局は強者が勝つといった形になります。明治初期の自由民権思想は戦後民主主義の中にもっと入ってもよかったと私は考えているのです。それが生きていないのが問題なのです。

二　帝国主義的国家の中の北海道

さて現実には、帝国主義的国家の道を歩む中で、北海道はどんな役割を果たしたのかを考えてみましょう。帝国主義的国家としての北海道について結論ふうに書くならば、北海道の位置づけ、あるいは役割はすぐに次のようなイメージを伴って浮かんで来ます。

1　ロシアの南下政策に対する軍事的な防備
2　各藩の進取派と保守派の対立など、日本全土の歴史的清算の地という意味
3　資源開発など新たな資本投下の利害得失
4　因習を離れた帝国主義的道徳や理念の地

あるいは「足手まとい」といった言い方もできるのではないかと思います。改めて考えますと、帝国主義的国家に必要なのは、帝国主義の国家政策を進める人材であり、それを支える経済的バックグラウンド、それに基づいた軍事的予算、戦略です。それらはある種

の出来上がったところから形づくられるもので、投資が必要なゼロの場所である北海道は、帝国主義的国家にとっては重荷になるというマイナス面があります。北海道はそれを宿命的に背負わされたわけです。

そう考えますと、北海道の入植者の歴史はいくつかの段階があり、それに伴う各個人の意思もまた異なっていたと言っていいように思います。明治初期から明治20年（1887年）くらいまでの入植の形とそれ以後の入植の形は全く変わってきますし、入植者の心構えは異なってきます。それは国家像が明確になるにつれ、北海道の位置づけも明確になったということです。蝦夷地を北海道に改称してからのその歴史は、いろいろ変化したと言っていいのです。明治20年（1887年）ごろから、つまり大日本帝国憲法が作られていく頃から、北海道はある国家意思のもとで運営されます。徴兵令免除の特典が外されていくなどはそのケースでしょう。同時に明治初期に新政府は開拓使を作り、各藩に割り当てて開拓に乗り出させます。しかし、各藩も解体していく中で予算などありようがない。政府のお声がかりで進めた北海道開拓の入植は成功とはいえず、引き揚げる者が相次ぎました。初期の入植は試行錯誤しながらで、確固とした政府の方針はなかったと言っていいのです。

帝国主義的方向を明確にしていくとき、たとえば大日本帝国憲法発布に至る道筋でみると、明治15年ごろから軍部に示達された軍人勅諭や自由民権思想や運動への弾圧などにより、帝国主義に類する政策が前面に出ていく。屯田兵の入植も士族入植から一般入植へと変わり、札幌という街も意図的に発展していく。開拓使も道庁に変わり、日常業務に専念する。役人、技術者、さらに雇われた人たちが続々と入ってきました。

明治20年（1887年）くらいまでの入植は、戊辰戦争で旧幕府側についた藩の敗残兵となった人たちによる組織的、個人的入植をはじめとして、幕末から明治維新の力関係のぶつかり合いの中で、自分の土地で士族として禄をはむことができなくなって北海道へきて一旗揚げようという人たちもいました。さらには幕末、維新での怨念や人間的葛藤などを抱えての北海道入植の人たちはごく自然に消えていった。その移り変わりが北海道の位置づけの変化を物語っていたのです。

こうした明治初期から中期への時代の変化の中で、私は北海道入植のパターンは大きく7つくらいに分かれるのでは、と考えました。

1　開拓使関連の人たち（北海道赴任組など）
2　移住募集に応じた人たち（農業移民、漁業移民など）
3　札幌、旭川など都市建設の従事者

4　戊辰戦争の関連（会津藩など）
5　牧場経営の入植者
6　民間の商人や小事業主たち
7　士族屯田兵

むろんこのほかの入植者もいます(囚人たちのようなタイプ)。ただ、この第1期のタイプに続いて師団ができ、札幌農学校などの教育機関が出来上がることで、入植者のタイプは大きく変化していきます。各分野、各階層の人たちが、いわゆる生活の場を求めて移住してきます。教育に強い意志を持つ人、産業立国に向けての炭鉱や資源開発のための大資本やそれに従属する人がいると考えられます。

こうした変化は何を物語るのでしょうか。確かに帝国主義的国家の要求としては、この北海道に軍事的要衝、そして人材（対ロ戦を想定しての寒冷地に強い兵士の養成など）を求める方向に変わっていきます。

官への依存度が強い入植者から、次第に官と民が拮抗する形で入植が続いていき、日常生活に必要となる商人、労働者は民間側として入ってくるようになります。先ほどの7つは私なりの提言にすぎませんが、このような北海道に入植した人たちのパターンを作り上げていくことにより、より精緻に北海道入植のパターンを分析してみるべきです。私たちはこの点で簡単にフロンティア・スピリットなどと言っていますが、それが、いかに皮相的なのかが明らかになるでしょう。そこには棄民や、意思と関係なく送られて来た人たちの葛藤の歴史があるのです。その上で北海道にやって来た人たちの思想性、人生観を考えることができると思えるのです。

三 「道民性」はあるか

歴史的に北海道に入植、あるいは移住した人たちの入植パターンは前述した通りですが、これをもうひとつ別な視点でとらえてみます。北海道にやって来た人たちの、その動機づけを考えてみるのです。たとえば戊辰戦争で敗れ、賊軍の汚名を浴びて北海道に来た人たちには、歴史的な屈辱や本州への怒りが内在しています。明治10年（1877年）の西南戦争の折に、北海道の人たちで編成する部隊は、凄まじいほど士気を高めています。それは薩摩軍への怒り（幕末の戦い）が爆発したことでもあったのです。

こう見るとわかるように、北海道の人たちの「道民性」などは現実にあるようでないと言っていいのではないかと思えます。つまり、「道民性」などという語で簡単に総括していいのか、ということです。いろんなものが混じり合って混合体となって、一つの文化を生むのは5年や10年ではできません。2世代、3世代かかります。そうしてやっとできていったのが北海道なのです。さまざまな人たちの思想や理念が混在しているが故に、「道民性」などという語の曖昧さで道民意識をまとめようとするのは意味がありません。それが前提になります。

北海道の人たちの性格や道民のものの考え方と言った時には、まず一枚岩でないことを前提に、それらのいろんな立場、考え方、生活様式、意識の多様性があり、それこそが北海道人の特色になっていると考えるべきです。この多様性を尊重し、共有する精神こそ、北海道の精神であり、それが道民の性格だと考えていくべきです。そしてそれこそが日本の伝統になるべきだと自信を持っていいのです。

北海道への入植を考えると、入植者は二重性を持っていたといっていいでしょう。つまり、自らの共同体を脱していく意思を持っていたことと、新たな地で自らの人生を懸ける情熱を持っていたことです。この二つの心理のどちらが勝ったのか、それが北海道の道民になるか否かの分かれ目になったのです。フロンティア・スピリットというのは、新たな地で自らの人生を懸ける、その精神を指しているというべきでしょう。

では、そういう強い意志を持って北海道に入ってきた人はどの程度いたのでしょうか。政府の呼びかけに応じての入植者は腰を据えて取り組んだといえるでしょうが、民間人として入植した人たちの運命はどのような変化をしたのか、その点はさらに詳細に調べるべきではないでしょうか。なかには北海道の風土になじめずに逃げ帰った者もいるのではないでしょうか。自分の故郷へ帰ることが北海道入植の許されるところと言いますか、それは北海道開拓に対する意欲が強くはないから、ここには住んでいられないと逃げ帰ったのだと思います。

北海道の過酷な条件に耐えて残った人たちの自負や誇りを讃える歌があったとしてもおかしくはないのですが、北海道にはそうした世代を超えて広く歌われるような歌はありません。たとえば、長野県には「信濃の国」という県歌があって、県民や出身者のほとんどが歌えるといいます。北海道にも広く歌い継がれる道歌があれば、道民性がどうつくられたかもわかりますが、それがいまだない(北海道カルタのようなものはあるといいますが)ということは北海道が最大公約数的なもので成り立っていない、つまり一体感は希薄だということでしょう。そこから見ていくべきだと思います。

また、北海道の特徴として地域の伝承が、そこで局地的にしか伝わっておらず、北海道全体でカバーし得ていないことも挙げられます。一つ一つの街には歴史が凝縮しているけれど、それがフォローアップされていない。

北海道ではどの街にも一つの物語があるといっていいのですが、それが充分に語られていないのです。なぜ語られないのか、それは過酷な体験を語りたくないとの思い、家族や友人を失った悲しさなどの感情が複雑に沈殿しているからでしょう。

入植時の個人的、歴史的関係そのものがきちんと整理されて語り伝えられていないことは不幸であり、一部の都市の口当たりのいい事実だけを取り出して、フロンティア・スピリットだと称するのも問題かと思います。

改めて明治期の入植の様相を見るとき、20年代、30年代、40年代にやって来た人たち、そういうなかには旭川に置かれた第七師団に入営した兵士たち、さらには大正期、昭和20年代に各地の炭鉱に入った人たちの分析も重要です。こういう入植者は帝国主義的国家意思に振り回された時代と、太平洋戦争後の職を求めてのグループとに分かれます。こうした史実を正確に分析するのも大切なことと言っていいでしょう。

明治150年と言った場合、北海道について言えば命名から150年、開道150年という捉え方もできるでしょう。それ以前のアイヌの人たちの歴史を正確に検証した上でアイヌの歴史と和人の歴史を振り返り、北海道の都市空間の発達史を記録していくことが何にもまして重要となるのです。都市の発展や広がりについては、まだまだ調べられると思います。そのことによって、実は北海道はみんな違うんだという結論になると思います。一つのものにしなくていい、と言うべきです。これが北海道の歴史なんです。

四　北海道の今後を考える

平成の目でふり返ると、明治初期に北海道が新しく歴史を刻んだ時に、どのような将来像が予想されたのでしょうか。正直に言って現状のような姿になるとは思わなかったのではないでしょうか。帝国主義的国家としては、北海道は軍事的要塞になってロシアに対する防備を果たし、軍事上、政治上、経済上重要な土地になるというのが企図した形だったと思いますが、その歴史は崩壊しました。前述のように、この国が明治維新時に想定した四つのタイプのうちの第一の帝国主義的国家は崩壊したことになりますが、第二、第三のタイプを想定しての北海道論があっていいはずです。

平成の北海道は人口減が止まらず、産業構造は官依存体質が今も続いている傾向があります。150年の中で、私たちは北海道をつくることに失敗した、という立脚点に立てば、新しいものをつくらざるを得ないことになります。失敗したという言い方は乱暴との論もありましょうが、やはりそう見る以外にないのではないでしょうか。そうなると、もういちどゼロに戻すところから始めてもいいのではないかという気がします。

この認識に立てば、今、私たちは極めて重要な地点に立っているとも言えます。いや、現在の置かれている立場を冷静に見れば、北海道は近代150年の出発時の形での地域づくりを終えたと言えるのです。それを共通認識として、いったん白紙状態にして新しい北海道をつくる、北海道というものを再構築しなければならないとの使命感を持たなければならないと気づくのです。そのためになすべきことは何か、ということを改めて自問したいと思います。

(2018年7月12、13日、札幌・秋山記念生命科学振興財団の講座から)

箱館戦争跡を歩く

古戦場に立って耳をすませば、風に乗って武士《もののふ》や雑兵の雄たけびやつぶやきが聞こえてくる―。歴史好きの友人からそう聞いた。まだ青年のころだ。私は歴史好きではあったが、そのような体験はなかった。

ところが60代の半ば、中国・旅順の二〇三高地に立ったとき、不意に無数の日本兵が頂上から丸見えの坂を登ってくる姿が想像された。ロシアから自在に狙い撃ちされて死にゆく日本兵の屍、その末期の声が聞こえた。それは沖縄の戦跡に立ったときも同じだったように思う。

2018年4月初め、北海道新聞の記者と2人で函館、松前、江差を中心に、ほぼ150年前の箱館戦争の戦跡地などを回った。曇り空の日もあり、小雨の日もあった。自動車から降りて二股口（北斗市）の戦いの山中にたたずんだ。北海道南部の知内、木古内などを走りながら、いくつかの街道で戦跡を確かめた。ところがどうしたことだろう。新政府軍の兵士や榎本武揚らに指揮された旧幕府軍の兵士たちの声が風に乗って伝わってこないのだ。山腹にたたずむのはわれわれだけで、静寂と残雪の残る光景のみがあるだけだ。

いや、江差では開陽丸を復元し、海中から引き揚げた遺物を展示する記念館を見た。咸臨丸が座礁した近くの海岸（木古内）には、それをうかがわせる記念碑が建っているものの、訪れる人もなく、寒風の中にその地はひっそりとしている。松前町を歩いてみた。人口7千人というかつての城下町は、やはり曇り空の中に人けも少なく静まりかえっていた。なぜ箱館戦争はこうも見事に歴史の波にのまれてしまったのか。なぜこの地で戦死した各藩の兵士は、特に悼まれることもなく眠っているのだろうか。

私は風に乗って聞こえてくる声を待った。それぞれの戦跡の地で待った。しかし150年はまったく何の声を発することもなく、この地で歴史の一角を静かに占めているだけに思えたのだ。後にそれは間違いではないかと考えるに至るのだが…。

箱館戦争を考える上で三つのポイントがある。一つは戊辰戦争の最終戦争であること。二つには、榎本武揚らが企図したのは、函館から蝦夷地に共和国をつくることだったのか否かという点。そして三つは、松前藩や函館に住んでいる庶民の戦争被害という側面だ。

むろん歴史的に最も大切だとされてきたのは、戊辰戦争の決着である。旧幕府軍は、徳川幕府が大政奉還をして実質的にその政権の正当性を失っている。榎本武揚らの行為は反乱であり、あるいは旧幕府軍の域を越えた意思を持った革命戦争ということになる。

戊辰戦争に参加した東北の各藩の藩士たち、それに旧幕府軍の兵士たちを支えた戦争への参加目的は何だったのだろうか。この箱館戦争では合わせて千人以上の兵士が戦死しているというが、その氏名、戦死の状況もほとんど定かでない。北方の地で繰り広げられたこの戦争は、歴史の中から忘れ去られようとしている明治150年ではなかろうか。

函館で博物館や五稜郭タワー、さらに松前、江差と回ると、そこに置かれているパンフレット、冊子では「旧幕府脱走軍」と呼ばれている。新政府から見れば、ということになるが、まず私たちはこの「脱走軍」という言葉が適切かどうか考えることから始め、「北海道150年」をメモリアルイヤーにしなければならないだろう。この戦争に参加した兵士たちは本当に「脱走兵」だったのか、歴史観の問い直しは必要だ。

松前藩の各所での戦跡に立つと、〝脱走〟のレッテルを貼られて逝った彼らの無念の声が聞こえてくるはずなのに、私たちはそれに気付いていないのではないだろうか。

榎本武揚は単に反乱を超えて共和国建設の夢を持っていたとの説は、今も聞かれる。確かにオランダに赴いて最新の学問、知識、それに最新鋭の艦船の操縦など近代人の素養を積んできた。彼の中にそういう理想はあったかもしれない。一方で、開陽丸の中で同志たちと最後の戦いを挑む案を考えているとき、彼の胸中はそういう夢は単に理想にすぎないと十分に悟っていただろう。

敗北を見つめて獄につながれ、やがて釈放されて新政府にその知識を認められて重用されてから、榎本は箱館戦争について語ったことは一度もないという。この箱館戦争は、旧幕府の兵士や官僚たちの落ち着き先、あるいは新しい職場の確保などを求める復権の意味が強かったとの説がある。とするならば、榎本は同志たちを裏切ったとの見方をされることにもなる。

明治新政府の中で榎本の名が複雑な思いで語られる理由は、このジレンマの中にある。もしこの地の戦跡で榎本の声を聞くとするなら、その苦衷の声が低い音色で伝わってくるのではなかったか。

そして第三である。取材を通じ「この地に住んでいた庶民には迷惑なことですよね、勝手にやってきて、鉄砲を撃ち合ったわけですから…。それに軍用資金を得るために彼らは、かなり強引に借金をしたり、通行税をとったりしたのですからね」との話も聞かされた。その話を聞くたびに、私はこの地に住む庶民に同情を感じた。

近代日本は清国との覇権を争って、朝鮮の地を戦場に変えた。日露戦争では、ロシアとの権益を巡って中国の地で戦闘を繰り返した。朝鮮、中国東北部の人びとにとっては、自分たちの居住空間に勝手に二つの国の軍隊が入り戦闘を行ったのである。そして犠牲になったのだ。それと同じ構図にこの地に住む庶民、アイヌの人たちは出会っていたのである。犠牲者の数も定かではないという。

私は五稜郭タワーの一角から、箱館戦争の全域に目を走らせた。90メートルの高さから見つめる「歴史」(北海道150年)は、むろん声を発していない。そうか。新しい時代を求めて道南の地で戦った新政府軍と旧幕府軍。彼らの声をいま一度聞こうとするなら、その全体図を、地を這いつつ歩き求めなければならないことに気付かされたのである。

(2018年4月27日　北海道新聞夕刊)

あとがき

私の書いた原稿が初めて、北海道新聞に掲載されたのは18歳の浪人時代だった。読者の投稿欄である。今回当時の縮刷版を調べてもらったが、１９５８年10月のことで、このころ教員への勤務評定をめぐって日本教職員組合（日教組）と文部省が対立を続けていた。その折、日教組の組合員はストライキという戦術を採った。そのストライキに対して高知県の中学生たちが、教員は日教組を脱退せよと決議したとの報道があった。

これを読んだ私は、中学生がこんな決議を自主的に行うわけはない、後ろでだれかが糸を引いているに違いない、そのような構図は戦前と同じではないか、といった内容で投稿した。むろんペンネームでの投稿だった。掲載の礼は当時としては貴重なシャープペンシルであった。嬉しい体験だった。

今回この10年近くに、北海道新聞に書いた、あるいは取材に応じた、そのような原稿をまとめて、一冊の書として編んでもらうことになった。私には望外の喜びである。特に同紙夕刊に連載された「私のなかの歴史」（本書では「昭和史へのまなざし」）は、私自身の人生を俯瞰するきっかけにもなったが、ああ人生とはこんなものなんだなと振り返る機会を得た。残された期間をどのように生きるかを改めて実感した。この企画で執筆を引き受けてくれた編集委員の伴野昭人氏に感謝したい。

私の身贔屓もあるかもしれないが、私は北海道新聞は日本でも有数の新聞だと思う。有数の意味は単に紙面に特徴が見られるというのではなく、記者の個々の能力が高いという意味だと解していい。私の人生は物書きとして記者、編集者と付き合うことでもあった。50年余もそういう関係を続けてきて、いわゆるジャーナリストは相応の能力を持っていることに気づいている。社会的には安定感のある人生観、歴史観を持つものが多いとの意味であった。その枠組みを守り続けるためには、私のような外部の執筆者たちとの緊張関係が必要である。その関係を維持できるか否かが重要である。私は北海道新聞の記者諸氏とほどよい緊張関係を持つことができた。そういう新聞社はむろんいくつもあり、私自身も切磋琢磨の心構えを持ちながら、仕事を続けてきたのである。能力の高い記者、編集者に刺激されての物書きの生活が送れたことは幸運だったったと思う。

本書でも触れたのだが、2018年は明治維新から150年であり、近代日本を振り返るには格好のタイミングであった。私の近代日本史観はたった一言で語られる。「教訓に満ちた時間と空間」である。そのことが昭和史を含めての史実検証にほぼ一生を費やした私の実感であった。なぜあれほど軍事主導体制がこの国の中心になったのだろうか。その理由を解明しなければ、私の仕事は終わらない。

本書からそういう私の思いを汲み取ってもらえれば、これにすぎる喜びはない。

軍事主導体制は20世紀にあっては、いわゆる民主主義体制下での選択肢にはなり得ない。近代日本の軍事は、諸外国と比べてもあまりにも異様であった。とにかく国家総力戦の名のもとに二つの異常さを示した。一つは特攻作戦や玉砕という戦略を採用したこと、もう一つは、政治の前面に立ち、勝つまで戦争を続けるという戦争観を持ったことである。なぜという疑問は誰もが持つであろう。私はこの二つの疑問について私なりの答えを持っている。近代という概念を生半可で受け入れたが故のことなのである。もっと有り体に言うなら、日本独自の軍事学を持たなかったためだ。軍事に携わる者がエリートなどというのはあまりにも軽率な価値観なのだが、日本はその錯誤に落ち込んだ。そして国の解体にまで進んだ。貴重な教訓である。

本書の第2章はそのことを訴えたつもりである。意を汲んでいただければと思う。

私は北海道に住んでいるわけではない。しかし生まれ育ったこの地には特別の感情を持っている。その感情は、この地は無限の可能性を持っているのに、それを歴史に刻むのに充分な力を発揮し得なかったという悔しさである。それは老いるに従って明確に感情の骨格になりつつある。北海道学などと大仰なことは言わないにしても、やはり近代日本の中に北海道を位置づける論理や理念は必要である。そのような論は次の世代に期待するにしても、その材料となる史実の検証などは私の世代の役割である。そのことは今後も続けていきたい。

本書はそうした仕事の枠組みに入ると考えてもいる。

その志を汲み取っていただき、本書刊行に尽力いただいた北海道新聞出版センターの加藤敦氏、そして伴野昭人氏ほか関係者の皆様に心から感謝いたします。ありがとうございました。

2018年(平成30年)7月のある日、快晴の札幌にて

保阪正康

保阪正康（ほさか・まさやす）

ノンフィクション作家。1939年、札幌市生まれ。札幌東高から同志社大文学部卒。出版社勤務を経て執筆活動に入り、日本近代史（特に昭和史）の事件や人物をテーマに多数の作品を発表。一連の昭和史研究で2004年、菊池寛賞を受賞。『東條英機と天皇の時代』『昭和陸軍の研究（上・下）』『昭和史のかたち』『ナショナリズムの昭和』（和辻哲郎文化賞受賞）など著書多数。

カバーデザイン　　須田照生
本文デザイン　　　株式会社アイワード
カバーと各章の扉写真は北海道新聞社撮影

保阪正康　歴史を見つめて
2018年9月22日　初版第1刷発行
著　者　保阪　正康
編　者　北海道新聞社
発行者　鶴井　　亨
発行所　北海道新聞社
〒060-8711　札幌市中央区大通西3丁目6
出版センター　（編集）TEL 011-210-5742
　　　　　　　（営業）TEL 011-210-5744
印刷・製本　株式会社アイワード

落丁・乱丁本は出版センター（営業）にご連絡下さい。お取り替えいたします。
ISBN978-4-89453-918-1